Удэгейские сказки

우데게인 이야기

<지식을만드는지식 소설선집>은
인류의 유산으로 남을 만한 작품만을 선정합니다.
오랜 시간 그 작품을 연구한 전문가가
정확한 번역, 전문적인 해설, 풍부한 작가 소개, 친절한 주석을
제공하는 고급 소설 선집입니다.

지식을만드는지식 소설선집

시베리아 설화집

Удэгейские сказки

우데게인 이야기

작사 미상

홍정현 옮김

대한민국, 서울, 지식을만드는지식, 2018

편집자 일러두기

· 이 책은 ≪Амурские сказки≫(Д. Д. Нагишкин, Хабаровское-книжное издательство, 1974), ≪Фольклор удэгейцев: ниманку, тэлунгу, ехэ≫(М.Д. Симонов, В.Т. Кялундзюга, М.М. Хасанова, Наука, 1998), ≪Мифы и легенды народов мира: Народы России≫(А. Храмков, Б. Акимов, Литература, 2004)를 원전으로 삼아 옮긴이가 가려 뽑아 번역했습니다.

· 이 책의 주석은 옮긴이가 직접 작성한 것입니다.

· 외래어 표기는 현행 한글어문규정의 외래어표기법을 따랐습니다.

차 례

우데게인 이야기

불의 여인

타이가[1]에 한 우데게인 청년이 살고 있었다. 어느 날 그는 불의 마녀인 루기 벨레가 타이가에 나타났다는 소식을 듣게 되었다. 루기 벨레는 마주치는 사람들을 모두 죽이는 무시무시한 마녀로 그녀가 지나간 자리는 아무것도 자라지 못했다. 누구도 그녀를 이길 수가 없었다.

청년은 루기 벨레를 죽이기 위해 길을 떠날 차비를 했다. 강철로 만든 화살 한 대와 사슴 뼈 화살 한 대를 만든 후 길을 나섰다. 한참을 가자 강기슭을 따라 하류로 내려갈수록 점점 더 넓은 강이 보였다. 그가 강 하류에 도착하자 강은 어느새 바다로 흘러들었다. 청년이 바닷가를 따라 모래사장에서 걷고 있을 때 멀리서 붉게 타오르는 루기 벨레의 모습이 눈에 들어왔다. 그녀는 다가오면 다가올수록 점점 더 큰불이 되어 활활 타올랐고 나무, 풀, 모든 것을 강한 화염으로 태워 버렸다.

청년을 발견한 루기 벨레는 화기로 새빨개진 몸으로 그를 향해 돌진했다. 청년이 사슴 뼈로 만든 화살을 꺼내 루

---

1) 타이가 : 북반구의 냉대 침엽수림을 말한다.

기 벨레에게 쏘아 그녀의 심장을 관통시켰다. 하지만 화살은 재가 되고 말았다. 그가 다시 강철 화살을 그녀에게 겨누었다. 루기 벨레의 심장에 곧바로 명중시켰으나 강철 화살은 녹아 버리고 말았다.

더 이상 아무것도 할 수 없게 된 청년이 도망치자 루기 벨레가 그의 뒤를 쫓아 달리기 시작했다. 얼마를 달렸을까…. 청년은 정신없이 달리고 또 달렸다. 한참을 달리자 임시로 만든 가옥인 바라크가 보였다. 그곳에는 어떤 아가씨가 혼자 머무르고 있었다.

"아가씨, 어서 도망치세요! 루기 벨레가 저를 쫓아오고 있답니다." 청년이 처녀에게 재촉하며 말했다.

처녀가 재빨리 떠날 준비를 마치자 두 사람은 또다시 도망치기 시작했다.

한참을 달리자 지쳐 버린 처녀가 조금씩 뒤처지기 시작했다. 청년이 다가가 그녀를 부축하자 처녀가 말했다.

"함께 가지 못해 미안해요. 저는 더 이상 못 갈 것 같으니 이제부터는 혼자 가세요. 대신 제가 루기 벨레를 잠시라도 붙잡아 둘게요. 가다가 납으로 만든 사람을 만나실 거예요. 그 사람에게 지금까지 있었던 모든 일을 얘기해 주세요. 또 한참을 가다 보면 덩치가 아주 큰, 철로 만든 사람과 맞닥뜨리게 될 거예요. 그 사람에게 루기 벨레가 당신 뒤를 쫓고 있다고 말해 주세요. 더 계속 가다 보면 한 여인을 만나실 거예요. 그녀가 당신이 앞으로 어떻게 해야 할지 얘기해 줄 테니 그녀의 말대로 하세요."

처녀와 청년이 말을 마치기가 무섭게 바로 루기 벨레가 모습을 드러냈다. 루기 벨레가 달리자 불꽃 바람이 사방으로 흩어졌다. 그녀가 지나간 자리는 전부 불에 타고 있었다.

"빨리 뛰어가세요! 제가 그녀를 잠시라도 붙들고 있을 테니." 처녀가 말했다.

청년은 달리기 시작했다. 달리고 또 달리다 보니 키가 큰 납으로 만든 사람이 보였다. 청년이 그를 올려다보았다. 그와 비교하니 청년은 납 인간 곁에 있는 작은 새처럼 보였다.

"납 인간님, 저를 제발 도와주세요! 루기 벨레가 저를 쫓고 있답니다."

청년의 말이 떨어지기가 무섭게 루기 벨레가 머리를 풀어 헤치고 눈과 코에서 뿜어 대는 불꽃을 사방에 퍼뜨리며 빠른 속도로 달려왔다. 납 인간은 루기 벨레의 길을 막고 청년이 계속 도망칠 수 있도록 도와주었다. 하지만 얼마 가지 못해 납 인간은 불에 녹아 야트막한 구릉이 되었다.

청년이 계속 달렸다. 한참을 달려 몸집이 거대한 철로

만든 사람을 만났다. 그는 납 인간보다 훨씬 더 컸다. 철 인간 옆의 청년은 고목나무에 붙어 있는 매미처럼 보였다.

"철 인간님, 저를 도와주십시오! 루기 벨레가 저를 쫓고 있습니다." 청년이 간절히 부탁했다.

하지만 이 말이 끝나기가 무섭게 루기 벨레가 또다시 나타나고 말았다. 철 인간이 루기 벨레의 길을 막아 주어 청년은 계속 달릴 수 있었다. 그는 멈추지 않고 도망쳤지만 철 인간도 이내 불에 녹아 언덕으로 남게 되었다.

청년은 다시 힘껏 달렸다. 한참을 달리자 한 아가씨가 살고 있는 바라크가 보였다.

"아가씨, 내 뒤를 루기 벨레가 쫓고 있소. 어서 함께 도망칩시다!" 청년이 그녀에게 소리쳤다.

"제 걱정은 마시고 어서 도망가세요. 제가 루기 벨레와 맞서 싸워 볼게요. 무척 힘든 싸움이 되겠지요." 그녀가 말했다.

그러고는 허리에 띠를 매고 가운을 입었다.

"당신은 바라크에 남아 있어요, 우리가 앞으로 무슨 일을 해야 할지 제가 직접 말씀드릴게요." 아가씨가 말을 마치고 밖으로 나갔다.

곧 밖에서 굉음이 들렸고 주위는 연기로 어둑해졌으며 하늘은 뿌옇게 변했고 해는 자줏빛으로 물들었다.

얼마의 시간이 지나자 잠잠해지더니 주위는 다시 환해지고 해도 보이기 시작했으며 연기도 바람을 따라 사라졌다. 루기 벨레와 싸움을 마친 아가씨가 들어와 곰 가죽 침대를 향해 푹 쓰러졌다. 그녀의 목소리가 들릴 듯 말 듯했다.

"이제 당신 차례랍니다. 강기슭에 가서 큰 바위산을 찾아보세요. 산꼭대기에 황금으로 만든 바라크가 있을 거예요. 그곳에는 황금 토끼가 살고 있지요. 산에 오르기가 쉽지는 않을 거예요."

그녀는 이렇게 말하고는 입을 다물었다.

청년이 길을 떠났다. 강기슭에 도착한 그는 상당히 긴 대마로 만든 끈을 가지고 바위산을 찾기 시작했다. 물론 어디에 있는지 알 수 없었다.

그러던 중 마침내 청년은 바위산을 발견했다. 바위산에서 얼마나 강한 빛이 발산되던지 바라보기만 해도 눈이 멀 것만 같았다. 청년이 자신의 머리를 내리치자 그는 지네로 변했다. 그러고는 암벽을 따라 기어 올라갔다. 한참을 기어오르자 바위산의 정상에 도착했다. 아가씨의 말대로 황금 바라크를 발견한 지네는 바라크의 입구로 다가가 다시 청년의 모습으로 돌아왔다.

안에 있던 황금 토끼가 그를 알아보고 깜짝 놀랐다.

"이보게 청년, 당신이 아까 아가씨의 바라크에서 나간 것까지 알고 있어. 또 어떻게 갔는지도 알고 있고. 그런데 어떻게 여기 올라올 수 있었지? 도무지 이해가 안 가는군. 지금까지 이 바위산의 정상에 오른 사람은 한 명도 없었거든. 오르고자 했던 사람들 모두 바위산 아래에 뼈만 남긴 채 죽고 말았어. 당신도 그렇게 됐을 거라 생각했는데. 당신이 나를 이긴 거야. 그렇지만, 나를 잡기 전에 먼저 바라크 주위를 한번 뛰어 볼 수 있게 해 줘."

토끼는 바라크 주위를 몇 차례 폴짝폴짝 뛰어다니더니 하늘을 향해 높이 뛰어올랐다. 청년은 자신이 가져온 끈을 토끼를 향해 던졌다. 끈은 똬리처럼 돌돌 말린 채 토끼와 함께 땅으로 떨어졌다.

청년은 토끼를 데리고 아가씨에게 향했다. 바라크에 도착한 그는 토끼를 죽인 후 피 한 방울도 안 흘리고 자작나무로 만든 상자에 채워 넣었다. 청년이 아가씨의 관자놀이와 전신을 토끼의 피로 닦아 주었다.

마침내 아가씨가 눈을 떴다. 그녀의 뺨과 입술은 다시 선홍빛을 띠기 시작했다. 청년은 자신을 위해 목숨을 바친 여인을 구한 것이 무척 기뻤다. 두 사람은 결혼을 해 행복하게 살았다고 한다.

예운쿠

한 노인이 두 딸, 아들 하나와 함께 살고 있었다. 노인의 아들은 훌륭한 사냥꾼이었다. 그 덕에 창고에는 고기와 생선이 빈틈이 없을 정도로 꽉 차 있었다. 두 딸은 어머니를 도와 동물 가죽 손질과 옷, 신발 깁는 일을 했다.

어느 날 남동생이 사냥에서 돌아오자 큰누이가 그에게 말했다.

"애야, 하늘을 날아 보자!"

"난 날 줄 모르는데. 하고 싶으면 혼자 날아, 누나." 그가 누나에게 말했다.

누나는 샤먼의 방울을 들고 흔들며 노래를 부르기 시작했다.

동생아, 땡땡땡
내일이 오면, 땡땡땡
한 사람을 만날 것이야, 땡땡땡
그 사람은 눈이 소복이 쌓인 모자를 썼지, 땡땡땡
이 사람을, 땡땡땡
집으로 초대하렴, 땡땡땡

다음 날 새벽 노인의 아들은 사냥을 떠났다. 하루 종일 돌아다녀 봤지만 어쩐 일인지 동물의 발자국은 눈을 씻고도 찾아볼 수가 없었다. 날이 저물자 집으로 향했다. 그는 스키를 타고 윙윙 소리를 내며 산에서 내려갔다. 작은 산비탈을 지날 무렵 두 사람이 보였다. 그들과 부딪치지 않기 위해 청년이 옆으로 몸을 움직이자 스키의 고정 장치가 당겨져 끊어지고 말았다. 스키의 고정 장치를 손보기 위해 자리에 앉아 있던 노인의 아들은 두 사람을 집으로 초대했다. 두 사람은 입도 벙긋하지 않으며 시종일관 침묵을 지켰다.

큰누이가 그들에게 대접할 음식을 준비했다. 얼마나 많은 음식을 장만했던지 상다리가 부러질 지경이었다. 그녀는 비계에 얹은 솔리미[2)]까지 만들어 내왔다. 밤이 되자 누이는 계속해서 주술을 걸더니 남동생에게 말했다.

"얘야, 네 옆에 있는 사람의 유두를 꼬집어 봐!"

그가 옆 사람의 뒤로 살금살금 다가가 가슴을 더듬었다. 누이의 말대로 젖꼭지를 꼬집었다. 그러고는 그다음

---

2) 솔리미 : 고기나 생선을 얇게 썰어 말린 것으로 보통 사슴 기름이나 생선 기름에 데워 먹는다.

사람의 유두도 차례로 꼬집었다. 알고 보니 두 사람은 모두 여자였다. 동생은 그중 한 여인과 결혼을 약속하고는 합방을 했다.

아침이 되자 온 식구들이 일어났지만 노인의 아들과 두 여인의 방에서는 아무런 기척이 없었다. 곰 털로 만든 이불을 걷어치우자 이불 속은 텅 비어 있었다. 아들도 두 여인도 사라진 것이다. 노인은 큰딸에게 불같이 화를 냈다.

"숲의 악령 예운쿠가 내 아들을 훔쳐 갔다! 네가 계속 아양을 떨더니 보기 좋구나! 아들을 냉큼 찾아오너라!"

두 자매는 남동생을 찾기 위해 길을 떠났다. 걷고 또 걷고 둘이 얼마나 걸었는지 모른다. 자매가 산비탈에 다가가자 동굴이 보였다. 하지만 산에서 예운쿠들이 스키를 타고 윙윙거리며 내려왔다. 두 자매가 자세히 보니 협곡에 남동생이 서 있는 것이 아닌가. 그의 겉옷이 바람에 흩날리고 있었다. 예운쿠들이 두 자매를 향해 소리쳤다.

"아가씨들! 가까이 가지 마시오!"

여동생이 언니에게 말했다.

"언니, 동생을 구해 주자!"

언니가 주술로 바람과 천둥을 불렀다. 주술이 끝나기가 무섭게 잔잔한 바람이 불기 시작하더니 먹구름이 조금씩 몰려왔다. 얼마 후 바람은 잠잠해졌지만 암석만 쪼개지고 말았다.

"애, 동생아, 나는 못 하겠어. 자, 이제, 네가 남동생을 구해 보렴!" 언니가 동생에게 말했다.

동생이 바람과 천둥을 부르기 시작했다. 주술을 마치자 바람이 일기 시작하더니 강한 바람이 불어왔다. 검디검은 먹구름도 몰려오더니 천둥이 멈출 줄 모르고 내리쳤다. 낮이 밤으로 변하자 사방이 온통 칠흑 같은 어둠으로 뒤덮였고 천둥 번개 소리가 요란스레 퍼지더니 산은 산산조각이 났다. 그러자 남동생의 가운이 공중에 날아다녔다. 누이가 공중에서 동생을 낚아채 봤더니 그는 뼈와 가죽만 남을 정도로 말라 있었다.

동생을 집에 데려와 병을 고치기 시작했다. 그는 건강을 점점 회복하더니 마침내 사냥과 낚시를 할 수 있을 정도로 건강해졌다. 가족은 다시 행복하게 지냈다.

어느 날 큰누이가 다시 남동생에게 말했다.

"애야, 하늘로 한번 올라가 보자!"

아버지가 성을 냈다.

"또 시작됐구나! 그 악귀들을 찾으려는 게야?"

누이는 방울을 들고 노래를 불렀다.

애, 동생아, 내일 사냥에 가면, 뎅뎅뎅

두 사람을 만나게 될 거야, 뎅뎅뎅
눈이 소복이 쌓인 모자를 쓴 사람을, 뎅뎅뎅
그 사람들을, 뎅뎅뎅
집으로 초대하렴, 뎅뎅뎅

누이가 주술을 마치자 모두 잠자리에 들었다.

다음 날 남동생은 사냥을 떠났다. 하루 종일 돌아다녔지만 동물의 발자국을 구경도 못 한 동생은 저녁이 되자 집으로 향했다. 산비탈을 스키를 타며 내려가던 중 앞에 키가 나무 그루터기처럼 작달막한 사람들이 눈이 쌓인 모자를 쓰고 앉아 있는 것이 보였다. 동생이 그들과 부딪치지 않으려고 옆으로 폴짝 뛰자 스키의 고정 장치가 당겨져 끊어지고 말았다. 스키를 고친 동생은 두 사람을 집으로 초대했다.

누이는 맛있는 음식을 준비했고 솔리미를 만들어 그들에게 대접했다. 저녁이 되자 누이는 주술을 하더니 남동생에게 말했다.

"동생아, 키 작은 사람의 가슴을 만져 보렴!"

누이의 말대로 가슴에 손을 대자 가슴이 밋밋한 남자였다. 다른 사람의 가슴도 만졌더니 그 역시 남자였다. 두 남자는 영감에게 딸을 달라고 간청했다. 큰누이는 시집을 가기로 했지만 작은누이는 허락하지 않았다.

밤이 되어 모두 잠이 들었다. 아침이 되자 큰누이와 두 남자가 일어나지 않았다. 여동생이 곰 털 이불을 들췄더니 그곳엔 아무도 없었다. 노인은 슬픔에 빠졌다. 큰딸이 계속 예운쿠를 부르더니 결국 자기가 원하는 대로 그들을 따라 절벽으로 간 것이었다.

이렇게 노인은 큰딸을 잃은 채 살았다. 그녀를 찾으려 갖은 애를 써 보았지만 딸은 어디에도 없었다. 그녀는 자신이 원하던 곳을 찾아간 것이었다.

사 형제

사 형제가 살고 있었다. 막냇동생은 요람에 누워 있을 정도로 아주 어린 아기였다. 막내를 돌보는 것은 큰형수의 몫이었다.

어느 날 곰 세계를 지배하는 우두머리 곰의 굴인 예굴레를 발견한 삼 형제는 곰을 잡기로 했다. 형제들이 예굴레 곰에게 밖으로 나오라고 불렀고 큰형은 곰을 향해 창을 던질 차비를 하고 있었다. 하지만 예굴레 곰은 창을 든 큰형을 삼켜 버렸다. 셋째가 창을 던지러 나섰지만 곰은 그마저도 삼키고 말았다. 예굴레 곰이 홀로 남은 둘째에게 말했다.

"이봐, 집에 가 있어. 내가 내일 점심 무렵에 너희를 한꺼번에 잡아먹으러 갈 테니." 그러고는 둘째를 풀어 주었다.

집으로 돌아온 그는 형수에게 아무 말도 하지 않은 채 곧바로 잠자리로 향했다. 형수가 놀라 물었다.

"아니 왜 혼자 온 거예요, 다른 사람들은 어쩌고요?" 하지만 그는 대답하지 않았다.

다음 날 시동생은 형수에게 말을 꺼냈다.

"오늘 정오에 우리를 잡아먹으러 예굴레 곰이 찾아올 거예요. 그놈이 창을 찌르려던 형과 동생을 삼켜 버렸답니다."

형수는 1만 미터 길이의 줄을 가지고 집 주위를 몇 번이고 묶었다. 또한 요람에 누워 있던 어린 시동생을 자신의 허리에 묶었다. 그렇게 준비를 마친 그들은 곰을 기다리기 시작했다.

정오가 되자 문 밖에서 예굴레 곰의 목소리가 들렸다. 시동생은 창을 집어 들고 곰이 더 가까이 오기를 기다렸다. 예굴레 곰은 바라크의 지붕을 잡아당긴 후 찢어 놓았다. 시동생은 예굴레 곰과 창으로 서로 겨루기 시작했지만 예굴레 곰은 그를 창과 함께 삼켜 버렸다.

형수는 울음을 터트리며 강가로 도망쳐 자작나무 아래에서 우주의 신인 부아 신에게 자비를 베풀어 달라고 기도했다.

"자작나무야, 도와주렴! 예굴레 곰이 우리를 쫓고 있어. 막내 시동생과 나를 지금 잡아먹으려 한단다."

그러자 자작나무가 옆으로 쓰러지더니 쪽배와 노로 모습이 변했다.

형수는 쪽배에 올라타 노를 힘껏 저었다. 강기슭으로부터 멀리 벗어나자 그제야 예굴레 곰의 모습이 보였다. 화가 잔뜩 난 곰은 마구 소리를 질러 댔다.

"나에게서 멀리 도망가지는 못할 거야, 곧 너희를 쫓아가 잡아먹을 테다!"

형수는 있는 힘껏 노를 저었다. 얼마나 노를 저었는지 강기슭은 자취를 감춘 지 오래였다. 어린 시동생이 울어댔다. 형수가 기저귀를 갈아 주었지만 아기는 계속 울기만 했다. 우는 아이를 한 팔에서 다른 팔로 안다가 그만 강물에 빠뜨리고 말았다. 형수는 울부짖으며 시동생을 물속에서 찾아보았다. 혹시라도 물 위로 뜰까 생각하며 아기를 찾고 또 찾았지만 끝내 모습을 드러내지 않았다. 쪽배는 계속해서 둥둥 떠다녔고 형수는 울음을 멈추지 않았다.

강에서 멀리 떨어지지 않은 모래사장에는 한 여인의 바라크가 있었다. 아침에 여인이 물을 길으러 자작나무 물통을 들고 집을 나섰다. 물을 퍼 올리던 여인은 강물에 떠있는 어린아이를 발견했다. 아이를 꺼내 바라크로 데려갔더니 아이는 목숨이 아직 붙어 있었다. 여인이 사내아이를 살리기 위해 할 수 있는 모든 것을 해 주자 아이는 그 정성에 보답이라도 하듯 소생의 기미가 보였다. 이후 그녀는 소년을 키우며 살았고 그는 마침내 몸집이 건장한 솜씨 좋은 사냥꾼이 되었다.

어느 날 우연히 여인은 청년의 옛일을 알게 되었다.

"얘야, 황제의 땅에 네 큰형수가 살고 있단다. 황제가 네 형수와 결혼하고 싶어 하는데 형수가 원하지 않는단다. 그래서 황제가 형수를 괴롭힌다는구나."

사실을 알게 된 청년은 바로 길을 떠났다. 쪽배에 올라타 강을 따라 항해를 시작했다. 얼마나 지났는지 셀 수도 없었다. 그러던 중 마침내 황제의 땅이 눈앞에 펼쳐졌다. 강기슭에 정박한 후 누군가가 다가오기를 기다렸다. 잠시 후 황제의 하녀가 기슭으로 내려오는 것이 보였다. 청년은 황제의 하녀에게 죽을 대접하며 궁전 소식을 물어보면서 형수에 대해 캐물었다. 황제가 계속 형수와 결혼하려 하지만 그녀는 완강히 거절한다는 것이었다. 그렇기 때문에 황제는 그녀를 계속 못살게 굴었다. 청년은 형수가 강기슭으로 내려올 수 있도록 해 달라고 하녀에게 부탁했다.

마침내 형수가 내려왔다. 시동생이 그녀에게 질문을 퍼부었다.

"어떻게 황제의 땅에 오게 되었습니까?"

형수가 대답했다.

"예전에 예굴레 곰으로부터 어린 시동생과 함께 도망을 쳤소, 곰이 내 남편과 그의 형제들을 몽땅 잡아먹었기 때문이지요. 도망치던 나는 실수로 막내 시동생을 물에 빠뜨리고 말았소. 물에 빠진 시동생을 사방으로 찾아보았지만 수포로 돌아갔고 그렇게 하다가 어떻게 황제의 땅까지 오게 되었소."

시동생은 형수를 자기 집으로 데려갔다. 한참을 가다 보니 어느 기슭에서 거뭇거뭇한 것이 보였다. 그들은 그곳에 배를 멈추었다. 가까이 가서 보니 바람에 말리기 위해 걸어 둔 곰의 가죽이 흔들거린 것이었다. 곰이 삼켜 버린 세 형제는 겨우 살아남아 그곳에서 지내고 있던 것이었다. 그들은 청년과 여인을 발견하고는 자세히 보기 위해 달려왔다. 여인은 머리가 이미 희끗희끗해진 자신의 남편을 알아보았다.

형제는 예굴레 곰의 배 속에서 곰을 창으로 찔러 죽인 이야기를 해 주었다. 사 형제는 형수와 함께 아버지의 땅으로 돌아왔다. 물론 막내를 구해 준 여인도 잊지 않고 함께 데려갔다.

셀레메게

겐테이라는 한 남자가 임신한 부인과 살고 있었다.

어느 날 남편이 부인에게 말했다.

"사람들이 온통 떠들어 대는 셀레메게를 구경하러 다녀오겠소."

부인이 그에게 말했다.

"당신이 지금 이 모습으로 셀레메게가 살고 있는 곳에 나타난다면 그곳에 도착하기도 전에 죽고 말 거예요."

"그래도 가겠소. 안 그러면 나, 겐테이가 모자라는 사람 같지 않겠소, 아무튼 난 가야겠소. 난 갈 것이오, 꼭 가겠소."

아내가 말했다.

"셀레메게한테 가시기 전에 먼저 장작을 준비하세요. 하루에 장작 일곱 조짐을 쌓아 두세요."

겐테이는 장작을 여섯 조짐만 쌓았다. 아내가 그에게 말했다.

"이런 식으로 하시면서 어떻게 가시겠다는 거예요? 가지 마세요! 이렇게 약해 빠져서 어떻게 가신다는 거예요!"

"떠나기 전까지 해 보겠소. 하지만 난 갈 테니 신발을 짜 주시오."

아내는 신발을 짜 주었다. 사슴 털을 반으로 나누어 한 쪽 신발을 만들고 나머지 반으로 다른 쪽 신발을 짰다. 남편이 말했다.

"신발이 너무 크네. 대체 신발을 어떻게 만든 거요! 꼭 맞게 잘라 주시오."

아내는 남편의 말대로 신발을 잘랐다. 그리고 남편은 길을 떠났다. 한참을 가다 사람의 발자국을 발견했다. 보폭이 큰 사람이 걸은 모양이었다. 발자국의 크기가 상당했다. 겐테이가 그 사람의 걸음걸이를 따라 해 봤지만 따라잡기에 역부족이었다. 그러며 계속 길을 갔다.

한참을 가다 보니 집이 한 채 보였다. 가까이 다가가 집 안으로 들어가 보았다. 한 할머니가 있었다. 겐테이가 들어가자 셀레메게의 어머니인 그 할멈이 화로에서 철을 달구고 있었다. 할멈은 빨갛게 달군 철을 겐테이에게 건네며 일을 시키려 했다.

"내 아들의 철을 달구어라!"

겐테이가 말을 듣지 않았다.

"싫어요." 그가 말했다.

셀레메게의 어머니는 철을 입에 넣고 이로 깨물어 잘게 부수더니 겐테이의 얼굴을 향해 내뿜었다. 그의 얼굴은 화상을 입고 쪼그라들고 말았다.

저녁이 되자 죽은 곰을 끌고 셀레메게가 돌아왔다. 한 마리는 허리에 묶고 다른 한 마리는 팔에 안고 들어온 셀레메게가 겐테이를 발견하자 곰 한 마리를 겐테이에게 던졌다. 겐테이는 받지 못하고 철썩하고는 곰을 땅에 떨어뜨렸다. 겐테이가 곰을 들어 안고 셀레메게에게 던지자 셀레메게는 바로 공중에서 낚아챘다. 그러고는 다시 겐테이에게 던졌다. 그러나 겐테이는 또다시 곰을 받지 못하고 철퍼덕 땅에 떨어뜨렸다.

셀레메게가 말했다.

"겐테이, 우리 한번 누가 빠른지 겨뤄 보자!"

두 사람은 곰의 털을 벗기기 시작했다. 셀레메게가 곰을 절개한 후 털을 벗겼다. 그 시간 겐테이는 겨우 절개를 시작했다. 셀레메게가 곰의 넓적다리를 조각낸 후 마무리 작업에 들어갔다. 그러나 겐테이는 곰의 가죽을 벗기기에도 벅찼다. 셀레메게가 곰 고기를 요리하기 위해 솥을 불 위에 올렸다. 벌써 솥은 준비되었다. 그러나 겐테이는 겨우 넓적다리를 조각내고 있었다. 셀레메게가 고기를 삶았다. 그때 겐테이는 고기 자르기를 마쳤다. 셀레메게가 솥을 들어내 고기를 먹기 시작했다.

셀레메게가 먹고 있을 때 겐테이는 솥을 불에 올렸다.

셀레메게가 다 먹고 나자 겐테이는 끓이기 시작했다. 셀레메게가 다 먹고 솥을 치웠다. 겐테이는 먹기 시작했다. 셀레메게가 모든 일을 마치고도 많은 시간이 흘렀지만 겐테이는 그제야 먹기 시작한 것이다. 그는 저녁 내내 먹었다. 셀레메게가 이미 오래전에 마쳤는데도 말이다. 드디어 겐테이가 다 먹자 모두 잠자리에 들었다.

다음 날 아침 셀레메게가 겐테이에게 말했다.

"겐테이, 이제 우리 무얼 하면 좋을까? 너를 데리고 노는 게 무슨 의미가 있겠어. 차라리 빨래 건조대에 걸어 두고 까마귀나 쫓게 해야겠다."

그러고는 손에 망치를 묶은 겐테이를 건조대에 걸어 두었다.

"까마귀들이 먹이를 쪼러 날아오거든 망치로 툭툭 쳐서 쫓아내면 되는 거야!"

그로부터 많은 시간이 흘렀다. 겐테이의 아내는 남편이 없는 동안 건강한 사내아이 투구마를 낳았다. 시간이 지나 겐테이의 아들이 기어 다니기 시작했다. 좀 더 지나자 그의 아들은 두 발로 서게 되었다. 시간이 흐르고 또 흘러 아들은 쑥쑥 자랐다.

어느 날 겐테이의 투구마가 어머니에게 물었다.

"엄마, 저는 아버지가 있어요, 아니면 없어요?"

어머니가 대답했다.

"있었지, 있고말고."

"엄마, 아버지 이름은 뭐예요?"

그러자 어머니는 아들에게 이렇게 말했다.

"아버지 이름을 입 밖에 내서는 안 된다! 그리고 네 아버지는 이미 돌아가셨을 거야!"

아들이 울기 시작했다. 아들이 울음을 멈추지 않자 어머니가 말해 주었다.

"그래, 말해 줄게. 네 아버지의 이름은 겐테이란다."

아버지의 이름을 알게 된 아들은 몹시 기뻤다.

"겐테이, 겐테이, 겐테이! 겐테이, 겐테이! 아이고!" 아버지의 이름을 외치며 여기저기를 뛰어다니던 아들은 그만 넘어지고 말았다. 넘어지면서 아들은 아버지의 이름을 잊어버리고 말았다. 다시 어머니에게 가 울기 시작했다.

"엄마, 아빠 이름이 뭐였지요? 잊어버렸어요."

"그것은 큰 죄란다, 큰 죄야, 죄! 네 아버지는 돌아가셨다고. 그래서 안 돌아왔어!"

아들은 계속 울었다.

"아버지 이름을 알고 싶다고요!"

"겐테이란다. 겐테이." 어머니가 말해 주었다.

이제 소년 투구마는 더욱 자라서 타이가에 다니기 시작

했다.

“어머니, 아버지가 가신 곳을 찾아가 볼래요.” 아들이 말했다.

“무슨 소리니, 가지 마라. 네가 이 엄마를 보살펴야 하지 않겠니.” 어머니가 말했다.

“아니요, 전 갈 거예요!” 아들이 말했다.

“그러면 떠나기 전에 장작을 준비해 두어라. 하루에 장작 일곱 조짐을 쌓아 두어라.”

아들은 하루에 장작 일곱 조짐을 쌓았다.

“어머니, 저에게 신발을 짜 주세요!”

어머니는 아들의 신발을 짜 주었다. 가죽의 반으로 한 짝을 짜고 나머지 반으로 다른 짝을 짜서 한 켤레를 만들어 주었다. 아들이 신발을 신었다.

“아이고, 저에게 작네요. 어머니, 뒤축을 다시 풀어서 크게 만들어 주세요.”

어머니는 뒤축을 풀어 아들에게 맞게 만들어 주었다. 아들이 길을 떠날 차비를 했다. 어머니는 아들을 배웅하기 위해 함께 나가며 입을 열었다.

“네 아버지는 너보다 훨씬 강한 분이시란다.”

아들이 말했다.

“제가 아무리 약해도 아버지를 꼭 찾고 말 거예요.”

그러고는 길을 떠났다.

한참을 걷다 사람의 발자국을 발견했다. 큰 신발에서 남겨진 긴 발자국이었다. 발자국을 따라 걸었지만 투구마는 상대적으로 작은 자신의 발걸음으로 긴 걸음을 따라잡으려고 종종걸음을 쳤다. 아들은 여러 발자국 중 아버지의 발자국을 발견했다. 아버지의 발자국은 길었지만 셀레메게의 장화 발자국은 더욱 길었다. 투구마는 셀레메게의 발자국을 따라갔다. 푹 들어갈 정도로 깊게 파인 그의 발자국을 따라 걸었다. 그렇게 계속 걸어갔다. 한참을 가자 집이 보였다. 그곳에는 한 할머니가 있었다. 집에 들어가자마자 할머니는 그에게 말했다.

"투구마, 어디 가는 것이냐?"

"당신의 아들을 찾아왔습니다. 저희 아버지 모르시나요?" 투구마가 물었다.

"모르지." 할머니가 말했다.

셀레메게의 어머니는 철을 달구고 있었다. 철은 이미 빨갛게 달궈져 있었다.

"자, 투구마, 내 아들의 강철을 단단하게 달궈라!"

할멈이 철을 건네자 투구마는 철을 입에 넣고 와작와작 씹으며 조각냈다. 그러고는 셀레메게의 어머니 얼굴에 내뱉었다. 그녀의 얼굴은 화상으로 온통 쪼그라들고 말았다.

저녁이 되자 셀레메게가 돌아왔다. 두 마리 곰을 사냥해 온 것이었다. 한 마리는 허리에 차고 다른 한 마리는 겨드랑이에 끼고 들어왔다. 투구마를 발견한 그는 투구마를 향해 곰을 던졌다. 투구마는 곰을 곧바로 공중에서 낚아챘다. 그러고는 앉은 상태로 셀레메게에게 다시 던져 주었다. 셀레메게는 철퍼덕하고는 곰을 땅에 떨어뜨리고 말았다. 자신이 사냥해 온 곰을 떨어뜨린 것이다. 다시 투구마에게 던졌다. 투구마는 일어서지도 않은 채 공중에 떠 있는 곰을 낚아챘다.

셀레메게가 말했다.

"우리 곰을 가지고 겨뤄 보자. 누가 이기는지."

말이 마치기가 무섭게 투구마는 재빨리 다듬기 시작했다. 먼저 가죽을 벗겼다. 셀레메게는 가죽을 벗기기 시작했다. 투구마가 고기를 자르고 솥을 불 위에 올렸다. 그러나 셀레메게는 겨우 고기를 자르기 시작했다. 투구마가 식사를 마쳤는데도 셀레메게는 한동안 계속 곰을 가지고 씨름을 하고 있었다.

저녁이 되자 잠자리에 들었다. 잠자면서 셀레메게가 생각했다.

'이놈을 공터에 데려가면 좋겠구나.'

다음 날 아침 모두 일어나 식사를 했다. 식사를 마치자 옷을 입으며 셀레메게가 말했다.

"공터에 가자."

가는 도중 셀레메게가 말했다.

"만약 네가 힘이 세다면 죽지 않을 것이고 약하다면 죽을 것이다."

둘이 다시 한참을 걸어 공터에 도착하자 그곳에는 둥근 모양의 대형 칼등이 있었다. 투구마는 원을 손으로 쓰다듬으며 신발의 밑창에 침을 발랐다. 두 사람이 칼등을 따라 달리기 시작했고 창이 있는 곳까지, 창의 끝이 있는 곳까지 갔다. 그곳을 건너다녔다. 그러자 셀레메게 발에서 피가 흘렀다. 투구마의 발은 멀쩡했다. 둘은 그곳을 지나 칼 위로 걷는 곳까지 왔다. 셀레메게가 쓰러져 칼에 찔리자 죽고 말았다. 투구마는 무사했으며 자신이 강한 사람임을 입증했다.

투구마가 셀레메게의 어머니에게 갔다. 그리고 노파를 죽인 후 아버지를 찾아 나섰다. 어디선가 툭툭, 툭툭 하는 소리가 들렸다. 집 밖으로 나와 보니 빨래 건조대에 사람이 걸려 있는 것이었다. 그의 손에는 망치가 묶여 있었다. 투구마는 아버지를 셀레메게의 집으로 데리고 왔다. 투구마는 그의 손에 묶여 있던 망치를 풀어 주며 물었다.

"이름이 어떻게 되십니까? 누구신지요?"

"나는 겐테이라네." 그가 대답했다.

"아버지시군요! 제가 아버지의 아들입니다!" 투구마가 말했다.

셀레메게 집의 음식을 먹고 난 후 아들은 아버지와 함께 집으로 향했다. 마침내 어머니가 홀로 남아 있는 집에 도착했다.

"그래, 아들아, 잘 다녀왔니?" 어머니가 물었다.

"잘 다녀왔어요."

"아버지는 찾아보았니?"

"찾았지요." 아들이 대답했다.

그러고는 아들 뒤에 따라오던 아버지가 모습을 드러냈다. 그녀는 죽었다고 생각한 남편을 되찾은 것이다.

볼롱도

볼롱도라는 이름을 가진 여인이 살고 있었다. 그녀는 사냥을 혼자 다닐 수 있고 수놓는 솜씨가 뛰어나 비단실로 여러 가지를 만들 수 있는 재주 많은 여인이었다.

어느 날 자작나무로 만든 물통을 들고 물을 길으러 갔다. 물을 뜨면서 그녀는 얼음 구멍에서 털실을 발견했다. 참으로 고운 실이었다. 물을 길은 후 볼롱도는 실을 입에 물고 입술로 다듬으며 침을 발랐다. 바라크로 들어가 실을 자신의 반짇고리에 넣어 두었다.

얼마 후 놀랍게도 볼롱도의 배가 부르기 시작했다. 시간이 흐르자 그녀는 장작 패러 가기는 고사하고 걸음을 떼기가 힘든 지경이 되었다. '장작을 패야 하는데 어쩌나?' 그녀가 생각에 잠겼다. 하지만 그녀가 집에서 나오자 누군가 그녀의 생각을 읽은 듯 장작을 패 놓은 것이었다.

드디어 출산을 위한 임시 처소로 가야 할 때가 되었다. 그녀는 오솔길을 따라 자신이 지낼 처소를 지으러 갔다. 도착해서 보니 이미 처소가 만들어져 있었다. 그리고 장작도 준비되어 있었다. 볼롱도가 생각만 해도 모든 것이 완성되어 있었다. 임시 처소에서 볼롱도는 아들을 낳았다.

처소에서 자신의 바라크로 돌아와야 할 시간이 되었다. 그녀가 생각했다. '나에게 남편이 있었다면 아기를 위해 요람을 만들어 줬을 텐데.' 바라크로 들어온 그녀는 잘 만들어 놓은 요람을 발견했다. 아이를 요람에 눕혔다.

시간이 흘러 아들이 뛰어다닐 만큼 자랐을 무렵이었다. '아들에게 스키를 만들어 줘야 할 텐데. 얘한테 아버지가 있었다면 어린이용 화살을 만들어 줬을 텐데.' 이런저런 생각이 볼롱도의 머릿속에서 끊이질 않았다.

어느 날 집 밖에서 사람의 신음 소리가 들렸다.

볼롱도가 밖으로 뛰어나가자 한 젊은이가 서 있는 것이 아닌가. 남자의 손은 온통 피범벅이었다. 볼롱도가 깜짝 놀라 물었다.

"어쩌다 손을 다친 거예요?"

"아들에게 선물할 화살을 만들다가 실수로 손에 상처를 내고 말았소. 이보시오, 아들이 자라면 나를 찾아와 함께 살게 하시오." 젊은이는 이렇게 말하고는 사라졌다.

볼롱도는 아들과 함께 예전과 다를 바 없이 지냈다. 아들은 어린이용 화살로 사냥을 배우기 시작했다. 화살로 오리를 쏠 실력이 되자 어머니는 아들이 잡아 온 오리를 화로에 구워 주었다.

어느 날 아들이 어머니에게 물었다.

"어머니, 우리 아버지는 누구고, 이름은 어떻게 되죠?"

"그건 안 된다, 얘야, 아버지 이름을 물어봐서는 안 돼." 어머니가 말했다.

"어머니, 어머니 이름은 뭐예요?" 아들은 물러서지 않았다.

"내 이름은 볼롱도란다." 어머니는 아들을 안심시키기 위해 대답해 주었다.

아들이 집에서 나와 여기저기를 뛰어다니며 어머니의 이름을 반복했다. "볼롱도, 볼롱도!" 한참을 뛰놀다 넘어진 아들은 그만 어머니의 이름을 잊어버리고 말았다.

어머니에게 달려온 아들이 다시 묻기 시작했다.

"어머니, 어머니 이름을 까먹었어요!"

어머니는 앉아 옷에 수를 놓고 있었다. 아들이 끊임없이 질문을 하자 그녀는 하던 일을 계속할 수가 없었다. 멈추게 할 방법은 답을 주는 것뿐이었다.

"볼롱도!"

"그럼 아버지 이름은 뭐죠?" 아들이 집요하게 물었다.

"가키 황제란다." 어머니가 대답했다.

아들은 집에서 나와 뛰어놀며 아버지와 어머니의 이름을 반복해 외웠다.

"볼롱도, 가키 황제! 볼롱도, 가키 황제!"

그러던 어느 날 볼롱도가 아들을 데리고 가키 황제를 찾으러 길을 나섰다. 두 사람은 자신의 물건을 집어 들고 떠났다. 어머니는 반짇고리를, 아들은 아버지가 만들어 준 어린이용 화살을 가지고 말이다. 한참을 가다 보니 저녁이 되었고 그들은 노쇠한 할머니의 집에 도착했다. 할머니는 아주 연로해 머리가 눈처럼 희고 희었다. 등이 굽은 할머니는 불가에서 허리를 지지고 있었다. 볼롱도는 할머니에게 인사를 드리고 자신의 아들에게 복을 빌어 달라고 부탁했다. 그리고 가키 황제를 어떻게 만날 수 있는지 물었다.

그때 아들은 밖에서 화살을 쏘며 놀고 있었다. 화살을 쏘면 떨어진 곳으로 달려갔다. 그러면 화살을 더 멀리 쏘았다. 쫓아가기를 반복하다가 길을 잃어버린 아들은 할머니의 집을 찾을 수가 없었다.

오솔길을 찾아 그 길을 따라갔다. 그러다 한 집에 도착했다. 아주 큰 집이었다. 소년은 집 안에 누가 사는지 궁금했다. 기웃거리다 집에 들어가 보니 화려한 옷을 입은 남자가 앉아 있었다. 소년이 물었다.

"길을 잃었습니다. 화살을 쏘고 떨어진 곳을 찾다 보니 이곳까지 오게 되었습니다."

"자네 어머니의 이름이 무엇인가?" 남자가 물었다.

"제 어머니는 볼롱도입니다. 아버지는 가키 황제고요."
소년이 대답했다.

남자가 소년을 손으로 안자 소년에게서 아들의 냄새가 났다. 아버지를 찾은 아들은 그와 함께 어머니가 있는 곳을 찾아갔다. 마침내 상봉한 그들은 행복하게 살았다고 한다.

바다뱀

자식이 없는 노부부가 살고 있었다. 두 사람은 통발로 잡은 물고기를 먹고 지냈다.

한동안 그의 통발에 물고기가 잡히지 않아 빈손으로 돌아오기가 일수였다. 어느 날 영감이 또다시 통발을 확인하러 가 보았다. 자세히 들여다보니 물고기는 없고 바다뱀 한 마리만 잡혀 있을 뿐이었다. 영감이 말했다.

"바로 네놈이구나. 누가 내 통발을 망가뜨리나 했더니 이제야 잡혔네!"

그러고는 나무 막대기로 뱀을 쑤셔 댔다. 뱀이 영감에게 간곡히 부탁했다.

"저를 죽이지 말고 대신에 아들로 삼아 주세요!"

영감은 바다뱀을 가운 밑자락에 집어넣었다. 뱀을 바라크에 데려온 영감이 할머니에게 말했다.

"여보게! 우리한테 아이가 생겼으니 노년을 위해서 잘 키워 봅시다."

노부부가 바다뱀을 위해 바라크 입구 반대편에 잠자리를 마련해 주자 뱀은 똬리를 틀고 잠이 들었다.

그러던 어느 날 바다뱀이 아버지에게 장가를 가고 싶다

며 신붓감을 구해 달라고 졸랐다.

"아버지, 제발 신붓감 좀 구해 주세요!"

아들의 성화에 못 이긴 영감님은 다음 날 죽이 든 솥을 챙겨 강 상류로 길을 나섰다.

"만약 아들 신붓감을 찾는다면 노래를 부르며 돌아올 것이고 그러지 못하면 울며 돌아오겠소."

이 말을 남기고 아버지는 길을 떠났다.

영감님이 한참을 가자 아가씨 일곱 명이 사는 집에 도착했다. 아가씨들에게 말을 걸었다.

"여보시오, 아가씨들, 내 아들에게 시집오고 싶은 사람이 있다면 이 죽을 드시게."

아가씨들이 대답했다.

"누가 바다뱀 같은 동물한테 시집을 가나요?!"

그러면서 이쪽저쪽에서 "안 가!", "나도 안 가!" 하는 소리가 들렸다. 막내 여동생은 죽이 너무도 먹고 싶은데 언니들이 못 먹게 동생을 가로막았다. 차례에 밀려 양껏 못 먹은 막내는 항상 배가 고팠다.

"이 바보야, 정말 뱀 같은 동물한테 시집을 가고 싶어? 바다뱀이랑 살고 싶으냐고?"

영감은 눈물을 흘리며 집으로 발걸음을 향했다.

바다뱀이 말했다.

"아이고, 어머니! 아버지가 오시는데 한번 나와 보세요!"

어머니가 잠자코 들어 보더니 입을 열었다.

"분명히 아버지는 노래를 부르며 오고 있단다!"

아들이 반박했다.

"아니에요, 제가 듣기에는 분명히 울며 오시는 것 같은데요."

두 사람이 자세히 보자 아버지는 분명 눈물을 훔치며 걸어오고 있었다.

다음 날 아버지는 또다시 죽을 쑤어서 이번에는 강 하류로 향했다.

"만일 내가 아들 신붓감을 찾으면 노래를 부르며 올 것이고 만일 찾지 못하면 눈물을 흘리며 돌아올 것이다."

다시금 이 말과 함께 길을 떠났다.

한참을 가다 보니 일곱 자매가 사는 집까지 오게 되었다. 영감이 그들에게 말했다.

"여보시오, 아가씨들! 내 아들에게 시집오고 싶은 사람이 있다면 이 죽을 드셔 보시오!"

처녀들이 말했다.

"대체 누가 바다뱀 같은 동물한테 시집을 간답니까!"

그러면서 이쪽 아가씨들도 "난 안 가!", 저쪽 아가씨들도 "나도 안 가!" 하며 외쳤다. 그 순간 막내가 아무도 눈치 채지 못하게 살금살금 다가와 죽을 먹는 게 아닌가. 언니들이 죽을 빼앗기도 전에 그녀는 몽땅 먹어 치웠다.

"나는 시집이라도 가 봤으면 좋겠어요."

너무도 기쁜 영감은 빈 그릇을 가지고 집으로 돌아왔다. 노래를 부르며 걸어갔다.

"드디어 내가 아들 신붓감을 찾았단다. 달처럼 동근 얼굴로, 머리가 새까맣고 꼿꼿이 선 사시나무처럼 늘씬한 아주 예쁜 아가씨란다."

어머니는 집에서 뛰어나와 귀가하는 남편을 보기 위해 달려갔다.

"봐라, 아버지가 오고 계시지, 울부짖으며 오는구나. 이번에도 분명 아무도 못 찾은 게야."

바다뱀이 말했다.

"어디가 그렇다는 말이에요? 노래 부르며 오시잖아요!"

며칠 후 영감님은 아들을 옷 밑자락에 넣고는 신붓감의 집으로 향했다. 한참을 지나자 아가씨들이 사는 작은 집에 도착한 아버지는 아들을 내려놓았다. 언니들은 도망가기에 정신이 없었다.

"바다뱀이랑은 아무도 못 살지!"

말을 마치기가 무섭게 집에서 뛰쳐나갔다. 단 한 명 막내만이 바다뱀과 집에 남게 되었다. 그녀는 미래의 남편에게 음식을 해 먹이고 잠자기 전에는 자리를 봐 주었다. 둘은 이렇게 살게 되었다.

어느 날 한밤중에 잠에서 깬 여인이 집을 둘러보자 집 안이 밝은 대낮처럼 환했다. '어째서, 어째서 내가 이렇게 많이 잤을까? 벌건 대낮이 되도록 말이야. 지금까지 이런 적은 한 번도 없었는데!' 옷을 재빨리 갈아입고 집에서 나왔다. 그러나 밖은 암흑처럼 깜깜했다. 하늘에는 별이 반짝거렸다. '아하! 아마 내가 꿈을 꾸나 보네!' 집 안을 들여다보자 그곳은 모든 것이 환하게 밝았다. 잠시 후 남편 쪽을 바라보았다. 그랬더니 바다뱀 가죽이 한쪽에 놓인 채 한 남자가 곤히 잠을 자고 있는 것이 아닌가. 그녀가 조심스레 다가가 바다뱀 가죽을 집어 들어 현관에 감춰 두었다.

집 안으로 들어와 그녀는 남자 곁에서 다시 잠을 청했다. 인기척에 잠에서 깨자 남자의 몸은 반쪽은 인간의 모습을, 반쪽은 바다뱀의 모습으로 바뀌어 있었다. 놀란 그녀가 말했다.

"이제 우린 어떻게 살아요? 당신은 언제 사람이 되는 거죠?"

그러자 바다뱀이 온전한 사람으로 변했다. 그는 둘째가

라면 서러울 정도로 뛰어난 사냥꾼이었다. 두 사람은 아주 행복하게 살게 되었다.

이 사실을 알게 된 언니들이 동생의 남편이 사냥 가고 없을 때 집에 찾아와 고기와 비계를 먹고, 있는 힘껏 큰소리를 내며 집 안을 헤집고 다녔다. 그 후로 매일같이 여섯 자매는 막내의 집을 찾아왔다. 그러고는 막냇동생을 괴롭히기 시작했다. 동생에게 간지럼을 태워 웃다 자지러지게 만들었다. 얼마나 눈물을 흘리며 웃었던지 막내의 눈이 퉁퉁 부을 지경이었다. 그러면서 언니들은 계속해 물어 댔다. "네 남편의 뱀 껍질을 어디에 숨겼니?" 동생은 웃겨서 숨이 넘어갈 것만 같았다. 머리는 사방으로 곤두섰다. 언니들은 제부가 돌아올 때까지 동생을 괴롭혔고 그가 돌아오면 도망가기 바빴다.

하루는 남편이 돌아와 그녀에게 물었다.

"어째서 이렇게 보기 흉한 꼴을 하고 있소? 그리고 눈은 왜 그렇게 부었고?"

그녀가 대답했다.

"젖은 장작이 잘 안 타서 연기가 계속 나더라고요. 눈이 매워서 눈물을 많이 흘렸어요."

부인의 말을 믿은 남편은 더 이상 묻지 않았다.

언니들은 계속해서 찾아와 막냇동생을 더 심하게 괴롭

혔다. 막내는 웃다 지쳐 곧 숨을 거둘 것만 같았다.

그날 남편이 집에 돌아오자 부인은 빗질을 하지 않아 쑥대머리를 한 채 누워 있었다.

"부인, 당신 어디 아픈 것이오?"

"언니들이 자꾸 간지럽혀서 웃다 죽을 지경이에요, 정말 죽을 것만 같아요. 그러면서 당신 가죽을 어디 숨겼는지 계속 물어요. 당연히 저는 아무 대답도 하지 않았고요." 마침내 그녀가 모두 털어놓았다.

"이제 더 이상 당하지 말고 얘기해 주시오." 남편이 말했다.

다음 날 남편이 사냥하러 집을 나서자마자 언니들이 들이닥쳤다. 그들은 마른 나뭇가지를 모아 불을 지폈다. 그러고는 또다시 막냇동생을 간지럽히기 시작했다. 거의 숨이 넘어갈 지경이 된 동생이 더욱 큰 소리를 내며 웃어 댔다.

"얘기해 줄 테니 그만해요, 언니! 현관에 숨겨 뒀어요." 막내는 눈물을 흘리며 말했다.

여섯 언니가 현관으로 뛰어가 쌓여 있던 장작더미를 여기저기로 내던지자 바닥에 바다뱀의 가죽이 얌전히 놓인 것이 보였다. 언니들은 가죽을 꺼내 불 속으로 힘차게 던졌다. 그리고 줄행랑을 쳤다.

부인은 남편이 스키를 타고 빠른 속도로 달려오는 것이 보였다. 옷이 온통 벌겋게 타올랐다. 그녀가 달려오는 남편을 만나러 뛰어갔다.

“여보, 제가 잘못했어요. 제가 당신 가죽이 어디 있는지 말해 주었거든요.”

“부인, 숫돌 반쪽을 가져가시오. 당신이 나를 찾아야 할 때가 되면 이 숫돌이 나를 만나게 해 줄 것이오.”

남편이 말을 마치자 그의 옷은 몽땅 붉은 불 속에서 활활 타고 말았다.

“자신을 탓하지 마시오, 하늘의 신이 나를 이렇게 바다뱀으로 만들어 생긴 일이니.”

그러고는 하늘로 올라가 버렸다. 여인은 홀로 남아 꺼이꺼이 울었다. 못된 언니들이 동생의 남편을 죽인 것이었다.

얼마 후 한 소년이 여인을 찾아와 자신이 바다뱀의 동생이라고 소개했다.

“형수님, 형이 형수님과 함께 지내라고 저를 보냈어요.”

두 사람은 함께 살게 되었다.

어느 날 여인과 소년이 바다뱀을 찾으러 길을 떠나기로 했다. 한참을 가다 보니 저녁이 되었다. 두 사람은 멧돼지 고기 창고에 도착했다. 멧돼지 고기를 배불리 먹고 난 후 잠자리에 들었다. 다음 날 불에 고기를 구워 먹은 후 계속 길을 걸었다.

한참을 가다 보니 저녁 무렵 창고에 도착했다. 인기척에 놀란 까마귀 떼가 후다닥 날아갔다.

"형수님, 전나무 가지로 임시 거처를 만들고 계세요. 저는 고기를 가지러 다녀올게요."

고기를 불에 구워 먹은 후 둘은 다시 잠자리에 들었다.

날이 밝자마자 두 사람은 빈속으로 곧장 길을 떠났다. 하루 종일 걸어 몹시 지쳤다. 저녁 무렵 창고에 다다랐다. 형수는 전나무 가지로 임시 처소를 만들었다. 시동생은 창고를 살피기 위해 갔다. 형이 미리 준비해 놓은 고기를 찾아보았지만 까마귀들이 다 먹어 치워 아무것도 남아 있지 않았다. 시동생이 울음을 터트렸다. '이제 더 이상 형을 볼 수 없겠구나.' 그는 형수에게 고기를 먹이기 위해 칼을 들어 자신의 넓적다리를 잘랐다.

여인은 고기를 굽기 위해 불을 피워 놓고 남편의 동생이 오기만을 기다렸다. 시동생은 고기를 건넨 뒤 조용히 혼자 잠자리에 들었다. 그녀는 고기를 꼬챙이에 끼워 구웠다. 그리고 자신과 시동생이 나눠 먹게 반으로 갈랐다. 자기 몫은 먹고 그의 것은 남겨 두었다.

다음 날 해가 뜨자 여인은 일어나 불을 피우고 시동생

을 깨웠다. 하지만 그는 미동도 없고 일어나지도 않았다. 자세히 보니 그의 몸은 이미 싸늘하게 식어 있었다. 형수는 시동생의 시신을 전나무 가지로 동여맨 후 그곳에 남겨두었고 혼자 길을 떠났다.

한참을 걷다 보니 어느덧 계절이 바뀌어 여름이 되어 있었다. 기슭을 발견해 아래로 내려가자 여울 여러 개가 모여 강을 이루고 있었다. 여인은 헤엄을 쳐 강을 건너고 싶었지만 그럴 수가 없었다. 강가에 앉아 슬피 울고 있을 뿐이었다.

그렇게 한참을 앉아 있자 머리를 위로 추켜올린 말코손바닥사슴이 강으로 내려오는 것이었다. 여인이 사슴에게 부탁했다.

"말코손바닥사슴아! 너는 빨리 달릴 수 있잖니. 그러니 나를 좀 도와주렴! 나를 저쪽 강기슭으로 데려다줘! 내가 너에게 필요한 좋은 것을 만들어 줄게."

그녀가 말코손바닥사슴 위에 올라타자마자 사슴은 그녀를 반대편 기슭으로 데려다주었다.

여인은 몹시 기뻤다. 그리고 감사의 표시로 말코손바닥사슴에게 꼬리를 기워 주었다. 말코손바닥사슴은 여인이 만들어 준 꼬리가 마음에 꼭 들었다. 기쁜 나머지 강기슭과 여인의 주위에서 껑충껑충 뛰어놀았다. 꼬리는 위로 세우고, 머리는 위로 향하며 여기저기를 뛰어다녔다. 그녀는 말코손바닥사슴에게 작별 인사를 한 후 계속 길을 걸었다.

한참을 걸어간 후 큰 강가로 내려갔다. 강은 매우 깊고 넓었다. 강가에 앉아 슬픔에 빠져 있었다. 이 기슭을 어떻게 건너야 할지 생각하고 있었다. 갑자기 헤엄치는 수오리가 잠자코 앉아 있던 그녀의 눈에 들어왔다.

"수오리야! 나를 저쪽으로 데려다주렴. 내가 너에게 좋은 것을 만들어 줄게." 여인이 간청을 했다.

수오리는 그녀를 등에 태우고 반대편 기슭으로 데려다주었다.

그녀는 이번에도 고마움을 표시하기 위해 수오리에게 목, 날개와 꼬리를 여러 가지 비단실로 만들어 주었다. 꼬리 끝을 돌돌 말아 꿰매어 물에 풀어 주었다. 그러자 오리는 물속에서 잠수도 하고 수면으로 떠오르기도 했다. 또 물 위에서 날개로 첨벙이기도 하고 고개를 쏙 내밀며 꼬리는 위로 추켜세웠다. 물을 여기저기로 뿌려 대기도 했다. 하늘에는 무지개가 떴고 햇빛으로 더욱 선명해졌다. 하늘이 빨강, 파랑, 노랑, 주황 등 화려한 색으로 물들어 있었다. 그녀가 말했다.

"수오리야, 세상 사람들이 너를 보며 아주 기뻐할 거야.

네 모습이 정말 예쁘거든."

수오리는 자신의 모습에 감탄하며 기뻐했다. 오리와 작별 인사를 한 여인은 계속 길을 걸었다.

한참을 가다 바닷가로 내려갔다. '여기를 어떻게 건너가지?' 생각에 잠겨 모래사장에 앉아 있는데 사람의 말소리가 들렸다. 그쪽을 향해 고개를 돌리자 아가씨들이 노를 젓고 있었다. 그녀가 부탁했다.

"아가씨들! 저를 좀 태워 주세요!"

"저희도 늦어서 서두르고 있답니다. 또 당신이 이 배에 탄다면 배가 무거워질 거예요."

그러고는 계속 떠들며 가는 것이었다. 그녀는 혼자 남아 슬픔에 잠겨 있었다.

그리고 또다시 강에서 출렁거리는 소리가 들렸다. 한 아가씨가 열심히 노를 젓고 있었다. 여인이 그녀를 불렀다.

"아가씨, 저를 좀 태워 주세요. 제가 있는 힘을 다해 노를 저을게요."

아가씨는 기슭으로 다가가 그녀를 태웠다. 그러자 여인이 꼬치꼬치 캐묻기 시작했다.

"저 아가씨들이 어디를 그렇게 바삐 가는 거예요?"

"바닷가에 한 바라크가 있어요. 그곳에 한 남자가 자고 있대요. 이제껏 그 사람을 잠에서 깨운 사람이 한 명도 없었대요. 만약 누군가 그를 깨운다면 그는 분명 그녀와 결혼할 거예요. 그래서 아가씨들이 저렇게 서둘러 가고 있어요. 저 역시 혹시 제게도 그런 행운이 찾아올까 한번 가 보는 거예요."

두 사람은 계속 노를 저었다. 정말로 바닷가에 바라크가 떡하니 서 있는 것이 보였다. 배를 정박시켰다. 가장 끄트머리에 자리를 잡았다. 바라크 가까이에는 정박할 만한 장소가 없었다. 도처에는 이미 정박해 놓은 쪽배들로 가득했다. 두 사람은 바라크로 갔다. 그 안에는 벌써 도착한 아가씨들이 진을 치고 있었다. 그들은 깊은 잠에 빠져 있는 청년에게 다가가 그의 손에 있는 반쪽짜리 숫돌에 자신의 숫돌을 갖다 대 보았다. 자신의 숫돌이 들어맞지 않자 아가씨들은 크게 실망하며 자리를 떠났다. 드디어 그녀의 차례가 됐다. 그녀는 남편이 자신에게 남겨 준 숫돌을 품에서 꺼내 청년의 숫돌에 맞춰 보았다. 그녀의 숫돌이 짠하더니 마치 깨지기 전처럼 꼭 맞아떨어졌다.

바로 그때 잠에서 깨어난 남자가 일어나 말했다.

"누가 나를 깨운 것이오? 만약 그 사람이 나이 많은 남자라면 나의 아버지가 될 것이오. 만약 나이 든 할머니라면 내 어머니가 되겠죠. 만약 여인이라면 내 부인이 될 것이오."

그녀는 자기 남편, 바다뱀을 알아보았다. 이렇게 해후한 두 사람은 행복하게 살았다고 한다.

여인

연로한 노부부와 딸이 함께 살고 있었다. 매일 노부부의 딸은 소일거리로 바느질을 하며 지냈다.

어느 날 굴뚝 위로 큰 새가 날아오더니 목청껏 울어 댔다. 딸이 고개를 들어 굴뚝을 올려다보자 큰 새가 푸드덕거리고 있었다. 그러고는 그녀를 향해 똥을 싸고 떨어뜨렸다. 이 이상한 일이 있은 후 딸의 배가 하루가 다르게 불러 왔다.

노부부가 얘기를 나눴다.

"여보, 우리 딸의 배가 계속 부르고 있소. 이것은 죄악이오."

"그래요, 여보, 큰 죄지요. 아무래도 우리가 딸을 죽여야 할 것 같아요. 몸을 풀기 위해 임시 처소로 옮기면 그곳에 불을 지릅시다."

부모가 음모를 꾸미는 동안 딸은 새를 잡기 위해 쳐 놓은 그물에 걸린 어치를 발견했다. 그녀가 어치의 날개를 떼어 자기 어깨에 붙이자 날개는 그녀의 몸에 맞게 커졌다. 또 어치의 꼬리를 떼어 자기 엉덩이에 붙이자 이번에는 딸에게 꼬리가 생겨났다. 날개로 한 번 퍼덕퍼덕하고 다시 두 번 퍼덕퍼덕하고 또다시 세 번을 퍼덕거리자 그녀는 하늘로 날아갔다. 바라크의 굴뚝 위에서 원을 그리며 날았다.

노부부는 그들의 딸이 하늘에서 나는 것을 보았다. 딸이 부모님께 말했다.

"제가 부모님을 떠날게요. 저를 임시 처소에 넣고 불태우려 하시니까요. 제가 잘못한 게 하나도 없는 걸 아시는데도 말이죠."

날개를 흔들자 그녀는 더 멀리 날아갔다.

한참을 날아가다 아가씨는 늑대 일곱 마리와 맞닥뜨렸다. 늑대들은 그녀의 뒤를 쫓아갔다.

"어디로 도망가든지 우리는 반드시 너를 찾아 잡아먹고 말겠다."

그녀는 있는 힘을 다해 날았다. 그러자 늑대 일곱 마리는 점차 뒤처졌다.

얼마나 날아갔는지 알 수 없었다. 그녀는 강기슭에 있는 바라크를 발견했다. 굴뚝에 내려앉아 집 안을 들여다보니 한 남자가 있었다. 그녀는 땅으로 내려가 바라크에 들어갔다. 남자와 여인은 혼인을 했다. 그 후 그녀는 아들을 낳아 키웠고 남편은 항상 사냥을 다녔다.

어느 날 부인이 남편에게 말했다.

"여보, 오늘은 아무 데도 가지 마세요. 아무래도 느낌이 안 좋아요. 어젯밤 늑대들이 저를 쫓아오는 꿈을 꾸었거든요. 토템 기둥 일곱 개를 만들어 주세요. 각 기둥에 사람의 얼굴을 만들어 바라크 근처에 세워 주세요."

남편은 기둥 일곱 개를 만들어 주었지만 아내의 말을 듣지 않고 사냥을 떠났다. 아내는 혼자 남게 되었다.

정오가 되자 밖에서 큰 소리가 들렸다. 그녀가 바라크의 구멍으로 내다보자 그녀 뒤를 쫓던 늑대 일곱 마리가 집 근처에 있었다. 그녀가 아기 요람을 들고 굴뚝으로 빠져나가려 했지만 요람이 커서 통과할 수가 없었다. 집으로 들이닥친 늑대들이 밑에서 요람을 잡아당긴 후 아기를 잡아먹었다. 그녀는 겨우 굴뚝을 빠져나왔다. 늑대들이 바라크에서 뛰어나와 여인이 기둥으로 뛰어오르는 것을 보았다. 늑대들이 기둥을 갉아 먹기 시작했다. 한 기둥이 쓰러졌다. 그녀가 다른 기둥으로 뛰어 건너갔다. 늑대들은 차례차례 기둥을 갉아 쓰러뜨렸다. 그녀는 계속 이어서 뛰어 건넜다. 이젠 도망칠 기둥도 얼마 남지 않았다.

그때 까마귀가 그녀 곁으로 날아들었다. 여인은 기도를 올리고 있었다.

"까마귀야! 내 남편에게 날아가 말해 주렴. 늑대들이 아기를 잡아먹었다고. 그리고 지금 나도 잡아먹으려 한다고."

"깍깍깍! 안 갈 거야. 너를 잡아먹을 때까지 기다릴 거야. 그래야 네 눈알을 쪼아 먹을 수 있잖아."

"늑대들이 다 먹어 치워 어차피 네 몫은 안 남을 거야." 그녀가 말했다.

까마귀는 그녀의 곁을 떠나 날아갔다.

여인이 여섯 번째 기둥으로 뛰어 올라가자 날아가는 다른 까마귀가 보였다. 까마귀에게 간절히 부탁했다.

"까마귀야! 제발 내 남편에게 가서 말 좀 전해 주렴. 늑대들이 아기를 잡아먹었다고. 그리고 이제 나를 잡아먹으려 한다고 말이야."

"콕콕콕! 그 말 전하기가 뭐 그렇게 어렵겠어요!" 그러고는 남편에게 날아갔다.

까마귀가 한참을 날아가다 그녀의 남편이 말코손바닥사슴을 죽이고 있는 것을 발견했다. 까마귀가 나무에 앉아 큰 소리로 외쳤다.

"콕콕콕!"

"왜 소리를 지르는 거니, 까마귀야? 신선한 고기 냄새를 맡아서 소리치는 거야?"

"콕콕콕! 당신 아내의 간청을 들어주려는 것뿐이에요.

늑대들이 당신 아들을 잡아먹었대요. 이 소식을 전해 주러 제가 이곳까지 날아왔지요." 화가 난 까마귀가 말했다.

"성내지 마라, 까마귀야. 알려 줘 정말 고맙구나."

남편이 서둘러 길을 나섰다. 스키를 타고 달려가기 시작했다. 그가 얼마나 빨리 달렸는지 그의 뒤에서 눈이 구름처럼 뭉게뭉게 뭉쳐 있고 회오리가 바람을 따라 윙윙거리는 소리가 퍼져 나갔다.

늑대들은 일곱 번째 기둥을 갉기 시작했다. 갉으면서 서로에게 말했다.

"어서 빨리 갉아 버리자. 안 그러면 남편이 올 거야, 그렇게 되면 완전히 낭패야."

늑대들은 남편이 다가오는 것을 알아채지 못했다. 그는 활을 쏘아 제일 나이 많은 대장 늑대를 죽였다. 늑대들이 말했다.

"왜 눕는 거예요, 대장? 어서 갉아야지요!"

남편은 한 마리씩 차례차례 모두 죽였다. 그리고 느릅나무로 통 일곱 개를 만들었다. 한 통에는 늑대 고기를 담고, 다른 통에는 뼈, 일곱 번째 통에는 늑대의 머리를 한꺼번에 넣었다.

"여보, 늑대 어미가 우리를 찾아올 거야. 그녀에게 통 일곱 개를 주며 말해 주오. 당신 새끼들은 당신에게 남겨 두었다고.”

어느 날 연로한 노파가 아내를 찾아와 물었다.

“늑대 발자국을 따라왔소. 여기까지 왔던데.”

“할머니, 당신 아이들이 여기 왔지요. 자, 여기 있는 통 일곱 개를 가져가세요.” 아내가 말했다.

노파는 일곱 통을 썰매에 싣고 집으로 돌아갔다. 노파가 잠시 쉬려고 앉았다. 동고비가 날아와 나무에 앉아 지저귀며 말했다.

“짹짹짹짹! 노파가 새끼 뼈를 싣고 가네!”

할머니는 성이 났다.

“동고비야, 뭐라도 얻어먹고 싶구나, 부럽지, 그러니 그렇게 말하지!”

동고비를 지팡이로 때리자 동고비는 날아갔다.

바라크로 돌아온 노파는 고기 먹을 준비를 하기 시작했다. 고기와 비계에서 새끼 늑대들의 냄새가 났다.

“무슨 일이지, 왜 내 새끼들 냄새가 나는 걸까? 아마도 손으로 직접 사냥을 해서 그런 거겠지.”

일곱 번째 통을 열자 그 안에는 자기 아들들의 머리가 있는 것이었다.

화가 난 노파는 여인을 찾아가 따졌다. 울기도 하고 눈물을 떨구기도 했다. 큰 목소리로 울부짖자 노파는 암컷 늑대로 변했다. 그러고는 타이가로 도망쳤다. 그때부터 늑대는 배가 고프면 울부짖게 되었다고 한다.

메예히

한 영감이 부인 두 명을 거느리고 살았다. 첫째 부인의 이름은 아야울라고 다른 부인의 이름은 게울레였다. 아야울라는 이름처럼 사랑받는 여인이었고 게울레는 이름처럼 사랑받지 못하는 부인이었다. 아야울라는 남편과 함께 바라크에서 지냈다. 반면 게울레는 혼자 풀로 만든 임시 처소에서 생활했다. 그녀는 항상 집안일을 열심히 했다. 가족과 강아지들이 먹을 음식을 준비하는 것은 그녀의 차지였다. 아야울라는 게울레가 만들어 준 음식을 먹고 남편의 머리를 빗기는 게 고작이었다.

시간이 흘러 부인들은 아이를 낳았다. 아야울라는 딸을, 게울레는 아들을 낳았다. 딸은 게으름을 뜻하는 갼두사, 아들은 총명함을 의미하는 메예히라는 이름을 지어 주었다. 게울레는 두 아이에게 젖을 먹였지만 아야울라는 살을 빼지 않으려고 젖을 주지 않았다. 아이들이 자랐다. 딸은 울보인 데다 게을렀다. 아들은 태어날 때부터 컸고 하루가 다르게 무럭무럭 자랐다. 이미 태어난 지 둘째 날 화살을 만들어 달라고 부탁하더니 새를 잡기 시작했다. 메예히는 무서운 것이 없어 온 타이가를 뛰어다녔으며 다람쥐를 화살로 잡았고 어머니를 돕기 시작했다.

어느 날 함께 놀던 메예히가 갼두사를 울리고 말았다. 갼두사는 울며 아버지에게 달려가 일러바쳤다. 영감과 아야울라가 게울레 집으로 달려가 그녀를 때렸다. 게울레를 흠씬 두들겨 팬 영감은 분이 안 풀렸는지 뱀처럼 식식거리더니 그녀의 눈까지 후벼 팠다.

"이제부터 보고 싶은 것이 있어도 아무것도 볼 수 없을 것이야!"

그러고는 그녀의 눈을 물속에 던져 버렸다. 게울레는 장님이 되었다. 메예히는 어머니를 돌보기 시작했다. 아들이 잡은 새나 다람쥐를 불에 구워 먹으며 두 사람은 하루하루를 지냈다.

하루는 갼두사가 둘이 어떻게 지내는지 보기 위해 집에 찾아왔다.

"그래, 우리가 굶어 죽었는지 살펴보러 왔니?" 메예히는 이렇게 말하고 그녀를 내쫓았다.

갼두사는 눈물을 흘리며 도망쳤다.

메예히가 집에서 나와 지팡이로 자신의 머리를 내리치자 그는 새로 변했다. 아버지의 바라크로 날아가 굴뚝의 가로대에 앉아 그 집 식구들이 무슨 말을 하는지 엿듣기 시작했다. 갼두사는 눈물을 줄줄 흘리며 집에 돌아와 메예히가 자신을 어떻게 내쫓았는지 부모님께 일러바쳤다. 아버지는 버럭 화를 냈다.

"그놈이 힘이 세고 영리하다면 왜 자기 어미의 눈을 찾아오지 않을까? 바다 건너에 사는 두 소녀가 이 눈을 공기 대신 가지고 논다고 하던데. 눈을 찾아오면 그때는 힘이 세다고 내가 인정해 주지."

아버지가 한 말을 들은 메예히는 풀로 만든 임시 처소로 날아갔다. 다시 소년의 모습으로 돌아와 어머니에게 말했다.

"어머니, 느릅나무로 작은 배를 만듭시다! 제가 바다 건너 어머니 눈을 찾으러 가겠어요."

"네 아버지는 너를 죽이고 싶어 한단다. 넌 아직 어리잖니. 눈이 없어도 나는 괜찮단다. 잘 살 수 있어." 어머니는 아들을 보내려 하지 않았다.

그러나 메예히는 고집을 피워 길을 떠나고자 했다. 모자가 느릅나무 배를 만들자 메예히는 길을 떠났다. 배를 타고 한참을 나가자 파도가 사방에서 그의 배를 덮쳤다.

큰 바다를 겨우 지나자 기슭이 보였다. 정말로 두 소녀가 불을 사이에 두고 뭔가를 던지며 놀고 있었다. 메예히가 소녀들에게 다가가 자세히 보니 그들은 눈알 두 개를 던지며 놀았다.

"이것이 뭐니, 이게 뭐야?" 놀라 물었다.

"기슭에서 빨간 돌멩이 두 개를 주워 놀고 있어." 소녀들이 대답했다.

메예히도 소녀들과 함께 놀기 시작했지만 그의 심장은 쿵쾅거렸다. 그는 긴장을 늦추지 않으며 계속 생각에 잠겼다. '어떻게 하면 저것을 빼앗을 수 있을까?' 한참을 놀다 소년의 손에 눈 두 개가 들어왔다. 그는 눈알을 옷 안에 넣고 기슭으로 달려갔다. 그는 멀리서 배로 뛰어올라 노를 저어 집으로 향했다. 두 소녀는 소년이 얼마나 재빨리 사라졌는지 어안이 벙벙할 뿐이었다.

메예히는 온 힘을 다해 노를 저어 동네 기슭에 도착하자마자 곧장 어머니에게 달려가 그녀의 눈을 손에 쥐여 주었다. 다시 볼 수 있게 되자 어머니는 몹시 기뻐했다.

어느 날 모자가 어떻게 사는지 궁금해진 갼두사가 또다시 찾아왔다. 게울레가 말했다.

"어쩐 일이니, 우리가 굶어 죽었는지 살피러 왔니?"

메예히가 갼두사를 쫓아내자 그녀는 화를 내며 집으로 돌아갔다.

메예히가 밖으로 나와 자기 머리를 막대기로 내려치자 새로 변했다. 아버지의 바라크로 날아가 굴뚝 가로대에 앉았다. 그리고 그 집 식구들이 대체 무슨 꿍꿍이를 벌이는지 엿듣고자 했다. 갼두사가 메예히가 어머니의 눈을 찾아와 게울레가 이제는 볼 수 있게 되었다고 전했다.

"그리고 메예히가 저를 내쫓았어요." 그녀가 말했다.

영감은 불같이 화를 내며 말했다.

"일곱 언덕을 지나면 한 아가씨가 살고 있지. 그녀의 아버지가 똑같은 여우 꼬리 일곱 개를 혼수로 가져오면 딸을 시집보내겠다고 하더라. 아직까지 아무도 성공하지 못했단다. 만약 메예히가 능력이 뛰어나다면 구할 수 있겠지. 그렇지만 그 일이 가당키나 하겠나."

아버지의 이야기를 들은 메예히는 자신의 집으로 날아가 다시 청년의 모습으로 탈바꿈을 한 후 어머니에게 말했다.

"내일 저는 언덕 너머에 사는 아가씨의 아버지에게 혼례용 예물로 줄 여우 꼬리 일곱 개를 찾으러 가겠어요."

"가지 마라, 아들아. 네 아버지가 너를 죽이고 싶어 하는 것을 너도 알지 않니." 어머니는 아들을 설득하려 들었다.

아들은 하루가 다르게 점점 강인해졌고 더욱더 용맹해졌다. 메예히가 이른 새벽 길을 나서자 어머니는 아들의 허리를 붙잡아 당겼다. 허리띠가 끊어지고 단추가 떨어졌으나 그는 길을 떠났다. 이런 사람을 당할 재간은 없지 않은가?

스키를 타고 얼마나 빨리 달렸는지 그가 지나간 곳은 눈이 둥글게 뭉친 것처럼 하늘로 날아오르고 있었다. 메예히는 언덕 일곱 개를 넘어 해가 뜰 무렵에서야 아가씨가 사는 집에 도착했다. 비알라는 검고 긴 머리를 가졌고 달처럼 뽀얗고 동그란 얼굴의 아주 아름다운 아가씨였다. 가운은 온통 장식으로 수놓았으며 이제껏 이런 장식은 누구도 구경하지 못한 귀한 것이었다. 비알라는 자기 손으로 직접 가운을 바느질했다.

그녀의 아버지가 묻기 시작했다.

"메예히, 말코손바닥사슴처럼 빨리 달린다는 자네가 내 집엔 무슨 일로 온 거지?"

"어르신, 저는 따님을 아내로 맞고자 어르신께 청하러 왔습니다." 청년이 말했다.

영감은 그를 바라보며 속으로 잔머리를 굴렸다.

"나는 내 딸을 곱디곱게 키워서 시집보내기가 아깝네. 정 원한다면 사랑하는 딸에 대한 대가로 혼수를 원하네. 크기가 똑같은 여우 꼬리 일곱 개를 찾아오게. 구해 오면 내 딸을 자네의 부인으로 주겠네."

비알라는 잠자코 듣기만 했다. 메예히에게 첫눈에 반한 그녀는 요동치는 심장을 주체할 수가 없었다. 그녀는 메예히에게 자신이 직접 수놓은 가운을 입히며 말했다.

"가다 보면 강과 산이 보일 거예요. 그 산을 넘으면 여우들이 다니는 길을 발견할 수 있어요. 그 길옆에 서서 암컷 여우가 지나갈 때까지 기다리세요. 제일 마지막에 오는 꼬리가 여덟 개 달린 여우 한 마리를 기다리세요. 그리고 당신의 힘과 지혜로 그 여우를 물리치세요. 그곳에 정오까지는 꼭 도착해야 해요. 그 시간에 여우가 그곳을 지나가거든요. 만약 성공하면 당신에게 좋은 일이 있겠지요."

메예히가 스키를 타고 달리기 시작하자 얼마나 빨리 달렸는지 눈덩이가 바람을 따라 날아다녔고 윙윙거리는 소리가 멀리까지 퍼졌다. 언덕 일곱 개를 지나고 강 일곱 개를 건너자 여우 길이 나왔다. 생각보다 일찍 도착해 정오까지는 시간이 충분했다. 그가 길옆에 섰다. 마치 잘 자란 나무처럼 움직이지 않고 꼿꼿이 서 있었다.

메예히가 곁눈질을 해 봤다. 꼬리가 하나인 여우가 뛰어갔다. 여우가 그를 발견하고는 깜짝 놀라며 말했다.

여기 우리가 다니는 길에 서 있는 이 얼간이는 누구지, 콩콩?

내가 안 다녀 본 곳이 없을 만큼 많이 돌아다녀 봤지만 이런 사람은 처음 보네, 콩콩!

작은 하천을 따라다녔지, 콩콩,
큰 강을 따라다녔지, 콩콩,
그래도 옷에 온통 장식을 하고 있는 얼간이는, 콩콩,
처음 본다네, 콩콩!

이 말을 마치고는 털이 북실한 꼬리를 가진 암컷 여우는 메예히 옆을 지나갔다.

얼마 후 꼬리가 두 개인 암컷 여우가 달려왔다. 메예히를 보고는 놀란 듯이 말했다.

우리가 다니는 길에 서 있는 이 얼간이는 누구지, 콩콩?
내가 안 다녀 본 곳이 없을 만큼 돌아다녀 봤지만 이런 사람은 처음 보네, 콩콩!
작은 하천을 따라다녔지, 콩콩,
큰 강을 따라다녔지, 콩콩,
그래도 옷에 온통 장식을 하고 있는 얼간이는, 콩콩,
처음 본다네, 콩콩!

이런 말을 남기고 북실한 꼬리 두 개를 가진 여우는 메예히 옆을 지나갔다.

메예히는 또다시 꿈쩍하지도 않고 시종일관 꼿꼿이 서

있었다. 그의 곁을 여우들이 지나갔다. 꼬리가 세 개인 여우, 꼬리가 네 개인 여우, 다섯인 여우, 여섯인 여우. 모두 놀란 나머지 그의 곁을 뛰어 지나갔다. 그는 꼬리가 여덟 개인 암컷 여우가 오기만을 기다리고 있었다.

그때 마침내 꼬리가 여덟 개 달린 여우가 다가오는 것이 보였다. 여우는 천천히 자신을 뽐내며 뛰어갔다. 꼬리는 털이 북실했고 하늘하늘 흔들거렸다. 그리고 꼬리는 똑같은 색이었고 길이도 한결같았다. 길옆에 있는 메예히를 보고 깜짝 놀라 말했다.

여기 우리가 다니는 길에 서 있는 이 얼간이는 누구지, 콩콩?

내가 안 다녀 본 곳이 없을 만큼 많이 돌아다녀 봤지만 이런 사람은 처음 보네, 콩콩!

작은 하천을 따라다녔지, 콩콩,
큰 강을 따라다녔지, 콩콩,
그래도 옷에 온통 장식을 하고 있는 얼간이는, 콩콩,
처음 본다네, 콩콩!

메예히는 활에서 화살이 빠져나가듯 훌쩍 달려들어 사냥꾼 칼을 단번에 휘둘러 꼬리 일곱 개를 잘랐다. 여우가 놀라 말했다.

“대체 어떻게 이런 일이 있을 수 있지? 이 사람이 나를 잡는 동안 내 형제들이 이자를 감시하지 않았다는 거야? 메예히, 당신이 내 형제들을 속였소. 두고 봅시다, 우리가 당신을 죽이고 말 테니.”

이 일이 일어난 후 여우는 사람을 피하고 사람들이 자기들을 속이지 못하도록 꾀를 부린다고 한다.

메예히가 여우 꼬리 일곱 개를 허리에 꽉 묶자 걸을 때마다 꼬리가 흔들거렸다. 그는 곧바로 비알라의 집으로 출발해 해 질 무렵에서야 도착했다. 메예히는 비알라의 아버지에게 여우 꼬리 일곱 개를 건넸다. 그리고 달처럼 예쁜 비알라를 아내로 맞이하게 되었다. 예쁜 아내와 함께 메예히는 어머니가 계신 집으로 향했다.

어느 날 잠잠하던 간두사가 다시 그의 집을 찾았다.

“무슨 일이니, 메예히가 죽었는지 살았는지 궁금해서 온 거니?” 게울레가 말했다.

간두사가 미모가 뛰어난 메예히 부인을 보고는 부모님께 일러바치기 위해 집으로 달려갔다.

간두사를 보고 메예히는 집에서 나와 자기 머리를 지팡이로 내리쳐 새로 변했다.

아버지의 바라크로 날아가 집안 식구들이 무슨 말을 하

는지 듣기 위해 굴뚝의 가로대에 앉았다. 간두사는 돌아와 이렇게 이야기했다.

"메예히 부인이 정말 예뻐요. 길고 검은 머리에 얼굴은 달처럼 하얗고 둥글며 그녀가 입은 가운은 온통 장식으로 넘쳐 났어요."

아버지는 아들이 결혼을 한 것에 심한 질투심을 느꼈다. 어떻게 하면 아들을 죽이고 며느리를 빼앗아 결혼할 수 있을까 골똘히 생각하기 시작했다. 메예히가 구할 수 없는 게 무엇일까 고민하며 이야기를 꺼냈다.

"산 일곱 개를 넘고, 늪지대 일곱 개를 지나면 나무가 있지. 이 나무의 껍질은 마치 뱀의 가죽과 같고 잎은 금색과 은색으로 되어 있지. 꽃이 바람에 날리면 마치 초롱꽃처럼 흔들거리지. 만약 메예히가 정말 용감하다면 이 나무를 가져와 나를 감동시킬 수 있을 거야."

아버지의 이야기를 들은 메예히는 자신의 집으로 날아가 다시 자신의 모습으로 변한 뒤 어머니에게 말했다.

"어머니, 저에게 가죽으로 자루를 만들어 주세요. 늪지대에서 자라는 나무를 가지러 가야겠어요. 이 나무의 껍질은 뱀의 가죽 같고 잎사귀는 금색과 은색이며 꽃은 바람이 불면 초롱꽃처럼 딸랑거리는 소리를 낸대요. 아버지가 저를 그곳에 가라고 보내셨어요."

"거기 가지 마라! 네 아버지는 너를 사지로 보내는 거란다." 어머니가 아들에게 애원을 했다.

하지만 두려움을 모르는 메예히는 어머니의 말을 듣지 않고 길을 떠나고자 했다. 어머니는 가죽 자루를 바느질하며 눈물을 떨구었다. 메예히는 자루에 재를 집어넣었다. 해가 뜨자 그는 스키를 신고 길을 나섰다. 얼마나 빨리 달렸는지 그의 뒤에는 눈보라가 일었다.

그는 산 일곱 개와 늪지대를 지나고 한참을 달려 마지막 늪지대에 도착했다. 그러나 그곳에는 나무가 자라지 않았다. 주위를 살펴보니 늪지대 가운데에 큰 나무 하나가 서 있었다. 이 나무는 수많은 불꽃으로 번쩍거렸다. 메예히는 나무를 향해 다가갔다.

갑자기 강한 바람이 불기 시작하고 어둠이 주위에 깔리더니 낮이 밤으로 바뀌었다. 메예히가 스키 지팡이로 조금씩 브레이크를 걸며 바람이 부는 방향을 따라 계속 앞으로 나갔다. 나무는 이제 아주 가까워 보였다. 그리고 바람이 조금씩 사그라졌다. 그가 나무 가까이 계속 다가가자 신기하게 바람이 완전히 그치고 말았다. 그러자 주위는 환해지기 시작하더니 점점 밝아졌다.

곧 완전히 환해졌다. 그리고 태양이 다시 반짝이기 시작했다. 나무가 마치 암석처럼 늪지대 중앙에 뿌리박힌 채 서 있었다. 껍질은 온통 뱀의 가죽 같았고 잎사귀는 금색과 은색을 띠었다. 햇빛에 비친 나무는 수많은 불꽃처럼 끊임없이 반짝거렸다. 그리고 나무의 꽃은 바람이 불자, 마치 초롱꽃이 속삭이듯 재잘거렸다. 메예히가 나무를 안아 보자 둘레가 수십 미터나 되었다.

청년이 나무의 가지에 재가 든 자루들을 걸었다. 나무 주위를 일곱 번 돈 후 나무를 땅에서 잡아당겼다. 나무를 일곱 차례 흔들며 말했다.

"나무야, 내 바라크 근처에 떨어져서 마치 네가 오래전부터 그곳에서 스스로 자란 것처럼 서 있어 주렴!"

이렇게 말하고는 나무를 뽑아 하늘 위로 던졌다. 그러자 나무는 굉음을 내며 하늘로 올라가더니 어디에선가 요란한 소리를 내며 떨어졌다.

메예히가 집에 돌아오자 나무는 그의 집 앞에 떨어져 마치 예전부터 이곳에서 자란 것처럼 땅에 곧추서서 박혀 있었다. 그가 가족들에게 말했다.

"오늘 밤에 무서운 강풍이 몰아칠 거예요. 놀라지 말고 절대 밖에 나가지 마세요!" 그는 어머니와 부인에게 당부했다.

밤이 되자 강한 바람이 불기 시작했다. 풀로 만든 바라크는 곧 바람에 날아갈 것 같았다. 게울레와 며느리는 너무 놀란 나머지 잠을 청할 수가 없었다. 메예히는 깊은 잠에 빠져 일어나지 않았다. 날이 밝자 바람이 멈췄다.

아침이 되어 메예히, 그의 부인과 게울레가 밖으로 나오자 마을은 알아볼 수가 없었다. 집 주위에 있던 나무는 한 그루도 살아남지 못했다. 갈아엎은 양 깨끗한 땅이 되어 버린 것이다. 아버지의 바라크도 사라졌다. 뱀 가죽의 모양을 하고 금색과 은색 잎을 가진, 초롱 같은 꽃을 가진 나무 역시 없었다. 그들 바라크 근처에는 겨우 사시나무와 자작나무만이 남았을 뿐이었다.

두 영감님

옛날 옛적에 이웃사촌인 두 영감님이 살고 있었다. 한 사람은 아주 부자였고 다른 사람은 가난했다. 두 사람 모두 자식이 없었다.

어느 날 가난한 영감이 집을 나섰다. 신발 안창을 위한 마른풀, 느릅나무로 만든 국자, 유콜라[3]를 허리에 차고 코에 찔레 열매를 꽂아 넣고 길을 떠났다. 한참을 가서 눈이 녹은 강가에서 눈을 붙이려 잠시 누웠다.

곧 토끼 한 마리가 그에게 다가왔다.

"왜 이 할아버지가 돌아가신 거지? 깍깍!"

토끼는 영감을 유심히 살펴보았다.

"추워서, 말하자면, 얼어 죽었네. 그래서 허리에 안창 풀을 묶었겠지, 깍깍! 배가 고파서, 말하자면, 굶어 죽었네. 그러니깐 허리에 통째로 말린 유콜라를 묶어 두었고, 깍깍! 목이 말라, 말하자면, 죽었네. 그래서 허리에 국자를 차고 있는 것이겠지, 깍깍!"

---

3) 유콜라 : 동시베리아, 극동 주민들의 음식으로 햇볕에 말린 생선을 말한다.

토끼가 유심히 그의 코를 살폈다. 자세히 보니 찔레 열매가 콧속에 들어 있었다.

"찔레 열매를 쑤셔 놓으셨네. 그래서 돌아가신 거네." 토끼가 말했다.

토끼가 할아버지의 죽음을 알리려고 할머니를 찾아갔다.

"할머니, 꺅꺅, 할아버지가 돌아가셨어요!" 토끼가 말했다.

할머니가 말했다.

"아이고, 불경스러운 놈아! 네가 우리 영감을 안 죽였다면 데려오너라. 다른 토끼들이 죽였다면 데려오지 말고."

토끼가 다시 할아버지에게 돌아갔다. 그러고는 친구들을 부르기 시작했다.

"버드나무 덤불에 사는 토끼들아, 여기 와 봐, 꺅꺅! 은백양 덤불에 사는 토끼들아, 여기 와 봐! 전나무 덤불에 사는 토끼들아, 꺅꺅, 여기 좀 와 봐! 할아버지가 돌아가셨어, 꺅꺅! 산토끼야, 꺅꺅, 여기 와 봐, 꺅꺅! 할아버지가 죽었다고, 꺅꺅!"

사방에서 토끼들이 모여들었다. 얼마나 모였는지 모기떼처럼 셀 수 없이 많았다.

모두 영감의 손을 잡고, 손가락을 잡고, 다리를 잡고, 귀를 잡고, 머리카락을 잡고, 수염을 붙잡고 함께 들고 갔다. 그리고 할머니 집으로 들어다 주었다.

할머니는 굴뚝을 틀어막고 집의 문을 닫았다. 그리고 일어난 영감과 할머니는 제 발로 찾아온 토끼를 차례차례 죽였다. 할머니가 자신이 마지막 한 마리를 죽이도록 남겨 달라고 부탁하자 할아버지는 단 한 마리의 목숨을 살려 주었다. 할머니는 갈고리로 토끼의 검은 반점이 있는 귀를 때렸다.

겁에 질린 토끼는 이리저리 뛰어다니다 결국 도망치고 말았다. 영감이 할머니에게 말했다.

"왜 도망치게 놔둔 거요, 이러다 다른 토끼들이 알게 될 텐데!" 할머니가 말했다. "제가 꼭 죽일게요! 걱정 마셔요." 왜 안 죽였을까?

부부는 잡은 토끼들의 가죽을 벗기기 시작했다.

"할멈, 부자 영감에게 가서 내일 토끼 고기 먹으러 오라고 전해 주오."

할머니가 부자 영감을 찾아갔다.

"영감님, 우리 남편이 내일 토끼 고기 드시러 오시랍니다!"

부자 영감이 토끼 고기를 맛보러 왔다.

"여보게, 어떻게 이 많은 토끼를 사냥한 건가?"

"사냥하기는? 안창용 마른풀, 국자, 통째로 말린 유콜라를 허리에 차고 눈 녹은 강가에 누워만 있으면 된다네." 가난한 영감이 말했다.

부자 영감이 집에 돌아와 부인에게 말했다.

"여보, 가난뱅이 영감이 엄청 많은 토끼를 잡았소. 우리는 부자니깐 그 양반보다 몇 배나 더 많이 잡을 테니 한번 해 봅시다!"

부자는 이것저것을 챙겨 입고 허리에 통째로 말린 유콜라, 안창용 풀, 국자를 묶은 후 코에 찔레 열매를 걸고 출발했다. 그리고 눈이 녹은 강가에 누웠다. 한참을 누워 있자 토끼 한 마리가 그에게 다가왔다. 토끼는 영감을 유심히 살펴보았다.

"할아버지 왜 돌아가신 거예요? 깍깍! 추워서, 말하자면, 얼어 죽었네. 그래서 허리에 안창 풀을 묶었지, 깍깍! 배가 고파서, 말하자면, 굶어 죽었네. 그래서 허리에 통째로 말린 유콜라를 묶어 두었고, 깍깍! 목이 말라, 말하자면, 죽었네. 그래서 허리에 국자를 묶었지, 깍깍!"

토끼가 이상한 그의 코를 세심하게 살폈다. 자세히 보니 찔레 열매가 안에 들어 있었다.

"찔레 열매를 쑤셔 놓으셨네. 아하, 그래서 돌아가신 거네." 토끼가 말했다.

토끼가 할머니에게 할아버지 소식을 전하러 갔다.

"할머니, 꺅꺅, 할아버지가 돌아가셨어요!" 토끼가 말했다.

할머니가 말했다.

"아이고, 불경스러운 놈아! 만약 너희가 죽였다면 할아버지를 데려오지 말고, 다른 토끼들이 우리 영감을 죽였다면 할아버지를 데려오너라."

토끼가 다시 되돌아갔다. 할아버지에게 돌아간 토끼는 친구들을 부르기 시작했다.

"버드나무 덤불에서 온 토끼들아, 여기 와 봐, 꺅꺅! 은백양 덤불에서 온 토끼들아, 여기 와 봐! 전나무 덤불에서 온 토끼들아, 꺅꺅, 여기 좀 와 봐! 할아버지가 돌아가셨어, 꺅꺅! 산토끼야, 꺅꺅, 여기 와 봐, 꺅꺅! 할아버지가 죽었다고, 꺅꺅!"

사방에서 토끼들이 달려왔다. 얼마나 많이 모였는지 마치 모기떼 같았다. 토끼들은 영감의 손을 잡고, 손가락을 잡고, 수염을 붙잡고 들고 갈 차비를 하고 있었다. 그때 한 귀가 검은 토끼가 다가왔다. 토끼가 다른 토끼들에게 말했다.

"이 사람들이 내 친구들을 속여서 죽였어. 그러니 할아버지를 물에 던져 버리자!"

그러고는 할아버지를 들려고 하자 할아버지는 몸을 일으켜 손에 잡혀 있던 토끼를 죽였다. 순식간에 벌어진 일에 놀란 나머지 토끼들은 뿔뿔이 도망쳤다.

영감이 부인에게 돌아왔다.

"토끼들이 가난뱅이 영감에게 일어난 일을 모두 알고 있어." 영감이 말했다.

"토끼들이 모여들어 나를 물에 빠뜨릴 뻔했소. 가난뱅이 영감 때문에 일을 그르치고 말았지."

시간이 한참 흐른 어느 날 가난한 영감이 풀을 쑤고 있었다. 풀을 다 쑤고 옷을 입었다. 타이가에서 사용하는 정강이 싸개와 신발을 신었다. 옷을 다 입고 길을 나섰다. 그는 나무에 올라가면서 풀을 바르기 시작했다. 나뭇가지와 꼭대기에도 모두 발랐다. 다만 줄기에는 바르지 않았다. 그러고 난 후 내려와 잠시 기다리더니 새들을 불렀다.

수많은 새들이 날아들었다. 그리고 그가 계속해 부르자 새들이 날아들어 앉자 착착 달라붙고 말았다. 영감은 새들을 떼어 냈다. 자루에 새들을 차곡차곡 집어넣자 곧 가득 찼다. 그는 자루를 집으로 들고 왔다.

가난한 영감의 부인은 새털을 벗겨 요리를 했다. 새고기가 푹 삶아지자 영감이 할머니에게 말했다.

"부자 영감에게 다녀오시오. 새고기 먹자고 하시오."

할머니가 부자 영감의 집으로 부리나케 달려갔다.

"영감님, 우리 영감이 새고기 수프 먹으러 오시랍니다."

부자 영감이 와서 물었다.

"이보게, 새는 어떻게 잡은 건가?"

가난한 영감이 말했다.

"가능한 한 많은 풀을 쑨 다음 나무에 올라가서 풀을 바르면 되지."

부자 영감이 집에 돌아갔다.

"여보, 가난뱅이 영감이 새를 엄청 잡았던데 우리는 부자니깐 더 많이 잡을 수 있을 거요."

다음 날 부자 영감은 풀을 쑨 후 옷을 입고 길을 나섰다. 나무 위에 올라가 풀을 발랐다. 부자 영감이 새들을 부르기 시작했다. 그러자 새들이 날아와 달라붙었다. 그것도 수많은 새들이 말이다. 영감이 내려가려고 하자 그도 딱 달라붙고 말았다.

"여보, 내가 나무에 완전히 달라붙었소, 와서 나 좀 떼어 줘!"

부자 영감의 부인이 허둥대며 남편을 향해 달려갔다. 남편이 있는 나무에 기어오르자 그녀 역시 영감과 나란히 달라붙고 말았다. 발을 떼려고 애써 봤지만 더욱 단단히 붙는 것이었다. 영감이 집에서 키우는 암캐에게 소리쳤다.

"암캐야, 내가 나무에 붙어 버렸단다, 와서 나를 좀 떼어 주렴!"

뼈밖에 안 남은 마른 암캐가 달려왔다. 그러고는 주인 옆에 똑같이 달라붙었다! 부자 영감이 가난한 영감을 향해 소리를 질렀다.

"여보시게, 영감, 내가 달라붙었으니 좀 떼어 주게나!"

하지만 가난한 영감은 너무도 멀리 떨어져 있어 아무런 소리도 들리지 않았다. 옴짝달싹 못 한 부자 영감의 가족은 결국 죽고 말았다고 한다.

팔람 파두

팔람 파두가 겨울용 바라크에서 지내고 있었다. 겨울 처소에는 먹을 것이 적었다. 하루하루를 심심하게 지내던 어느 날 문뜩 이런 생각이 들었다. '나는 왜 이렇게 지루하게 사는 걸까?' 그러고는 길을 떠났다.

한참을 가다 바다를 만난 팔람 파두는 그곳으로 내려가 바닷물을 마셨다. 한참을 마셨더니 그만 밑바닥까지 몽땅 마셔 버렸다.

또다시 한참을 가다 곰을 만났다. 곰이 물었다.

"팔람 파두, 어디 가니?"

"내가 어디 가는지 왜 물어보니? 그러는 너는 어디 가니?" 팔람 파두가 말했다.

곰이 그의 질문에 대답했다.

"난 먹을 것을 찾으러 나왔어."

"그럼, 내 배 속에 들어가 잠수하면서 먹을 것을 찾아보렴. 지금 내 배 속에 엄청 많은 물고기가 있거든!"

이야기에 신이 난 곰이 그에게 돌진했다.

곰은 팔람 파두 입으로 곧장 뛰어들어 바로 자취를 감추었다. 그의 배 속에서 정신을 차린 곰은 수많은 물고기를 보고 잡아먹기 시작했다.

팔람 파두는 한참을 가다 잠시 쉬기 위해 앉았다. 한숨을 돌리는 중 호랑이가 어슬렁어슬렁 걸어왔다.

"나에게 원하는 게 있는 거야?" 팔람 파두가 물었다.

호랑이가 대답했다.

"널 죽이고 싶어."

"대체 무엇 때문에 나를 죽이고 싶어 하지?"

"배가 고프니깐. 그래서 죽이고 싶지."

"배고프면 내 입으로 들어가 봐, 내 배 속에 물고기가 가득하거든."

"으르렁으르렁! 너같이 작은 놈이 어떻게 나를 삼킬 수 있다는 거냐?" 호랑이가 으르렁거렸다.

그러더니 잠시 후 포효하며 팔람 파두를 향해 펄쩍 뛰어올랐다. 그리고 바로 그의 입안으로 사라졌다. 배 속에서 정신을 차린 호랑이는 그 안에 물고기가 가득한 것에 놀랐다.

팔람 파두가 계속 걸었다. 한참을 가다 아가씨와 영감님이 사는 집에 다다랐다. 영감이 그에게 물었다.

"여긴 어떻게 온 것이오?"

"어르신의 따님을 부인으로 맞이하려고요." 팔람 파두가 대답했다.

"못된 놈 같으니라고! 내가 너 같은 놈을 위해 딸을 애지중지하며 키운 줄 아냐!"

팔람 파두가 딸을 달라고 연신 부탁을 했다.

"따님을 안 주시면 호랑이를 나오게 하겠습니다!"

"썩어 빠진 놈, 네가 호랑이를 갖고 있다고?"

그러자 팔람 파두는 입을 벌려 호랑이를 내보냈다. 으르렁대던 호랑이가 영감을 쫓기 시작했다. 영감은 줄행랑을 치며 살려 달라고 외쳤다.

"자, 호랑이야. 다시 제자리로!"

팔람 파두는 다시 호랑이를 삼켰다. 영감이 숨을 헐떡거렸다.

잠시 쉬고 난 영감에게 팔람 파두가 물었다.

"자, 따님을 주시겠습니까?"

"안 줄 테다! 너 같은 놈에게 내 딸을 줄 수는 없어!"

팔람 파두가 말했다.

"만약 안 주신다면 곰을 내보내겠소!"

이렇게 말하고는 입을 벌려 곰을 나오게 했다. 곰은 으르렁거리며 영감을 뒤쫓기 시작했다. 계속 넘어지면서 영감은 살려 달라고 외쳤다.

"여보게, 팔람 파두. 곰을 다시 삼키게! 내 딸을 주겠네!"

팔람 파두는 곰을 다시 삼켰다. 영감이 숨을 가다듬었

다.

팔람 파두는 영감이 쉴 만큼 시간을 준 다음 다시 물었다.

"자, 어떻게 하시겠습니까, 따님을 주겠습니까?"

"이런 불한당 같은 놈! 내 딸을 넘보겠다고!" 이렇게 말한 영감에게 팔람 파두가 말했다.

"안 주시겠다면, 당신을 죽여야지요!"

이렇게 말하고는 입에서 물을 뿜어냈다.

영감은 집 위로 기어 올라갔다. 팔람 파두는 집에서 편안히 앉아 지냈고, 반면 칸다 영감은 지붕에서 굶어 가며 하루하루를 보냈다. 한 달 후 영감은 뼈와 가죽만 앙상하게 남았다. 팔람 파두에게 울며 간청했다.

"팔람 파두, 물을 도로 가져가게! 내 딸을 반드시 줄 테니!"

팔람 파두는 물을 다시 삼켰다. 그러자 그제야 영감은 딸을 팔람 파두에게 주었다.

"대신 다른 곳에 가서 살게. 내 집에서는 살 수 없네!"

팔람 파두는 영감의 딸과 결혼을 했다. 다른 곳으로 떠나 풀로 만든 바라크를 만들어 함께 살았다.

한동안 두 사람이 알콩달콩 행복하게 지내던 어느 날 영감이 잔치를 벌이고자 했다. 그는 딸을 불러 음식 준비를 하게 했다. 팔람 파두는 혼자 집에 남게 되었다. 온갖 사람들이 잔치에 왔다!

부인이 나가자마자 팔람 파두는 장작을 하러 다니던 길로 나갔다. 그러고는 아름답고 강인한 청년으로 모습을 바꾸었다.

"부아 신이여! 저에게 말을 주십시오! 황금과 은으로 만든 옷과, 검과 황제 징표가 있는 모자도 주십시오!"

말이 끝나기가 무섭게 말, 옷, 검과 황제 징표가 있는 모자가 하늘에서 떨어졌다. 팔람 파두가 말에 올라탔다. 화려한 옷을 입은 후 검을 차고 황제 징표가 있는 모자를 쓰자 마치 황제처럼 보였다. 그런 다음 요란한 소리와 함께 하늘로 올랐다.

땅에 걸어 다니던 모든 사람들이 이 광경을 보고 놀라 소리쳤다.

"저기 좀 보시오, 신이 내려오나 봐요!"

영감은 자기가 가진 제일 좋은 옷을 꺼내 차려입고 신이 내려올 수 있도록 곳곳에 비단을 깔았다.

팔람 파두가 말과 함께 내려왔다. 집으로 들어가서 비단으로 깔린 곳을 따라갔다. 영감이 말했다.

"신이신 동시에 사람이신 이분은 우리가 먹는 음식은 드시지 않습니다. 우리 신인(神人)께서 드실 음식을 누구에게 준비하라고 명할까요?"

젊은이가 말했다.

"팔람 파두의 아내에게 요리를 하라고 명하시오."

그의 아내가 자신이 할 수 있는 모든 음식을 만들어 대접하자 모두 함께 즐기기 시작했다. 영감이 말했다.

"그럼 신께서 남기신 음식은 누구에게 주면 될까요?"

신인이 말했다.

"팔람 파두의 아내에게 주시오."

아내는 남은 음식을 몽땅 가져갔다.

팔람 파두는 자신이 왔던 길로 다시 출발해 하늘로 오르기 시작했다.

사람들이 신인에게 복을 달라고 부탁했다.

"저희를 고쳐 주세요!"

그러자 눈이 멀었던 사람이 볼 수 있게 되었고 볼 수 있었던 사람은 장님이 되었다. 병자들이 모두 고침을 받았고 건강했던 사람들은 병을 얻게 되었다. 청년은 말을 타고 올라간 후 팔람 파두가 있었던 곳으로 내려갔다. 그런 다음 팔람 파두로 변해 집으로 돌아갔다.

얼마 후 그의 아내가 돌아왔다. 잔치에서 일어난 일들을 모두 얘기해 주었다. 신인이 내려왔고, 그에게 어떤 음식을 준비해 주었는지 말이다. 부인은 얘기를 마치고 남편의 초라한 모습에 갑자기 화를 벌컥 냈다.

"이제 앞으로 우리는 어떻게 살아요! 다른 사람들처럼 좋은 음식을 먹지도 못하고 잘살지도 못하잖아요!"

그러면서 팔람 파두를 뒷방으로 쫓아 보낸 후 잠자리에 들었다.

잠에서 깬 아내가 밖이 해가 중천에 뜬 것처럼 환하자 깜짝 놀라 일어났다.

"어떻게 내가 동이 튼 것도 모르고 잘 수 있을까!" 일어나 밖으로 나오자마자 그녀는 바로 털썩 주저앉고 말았다. 별이 반짝이고 있었다. 집을 둘러보자 그녀의 집은 온통 금으로 번쩍거렸다. 아내가 생각했다. '내가 도대체 누구네 집에 온 거야?' 다시 한번 둘러보았지만 예전 자기 집이 있던 바로 그 자리였다. 집으로 들어가 팔람 파두를 바라보았다. 그러자 멋진 남자가 자고 있는 것이었다. 팔람 파두는 남자 옆에 가죽만 남긴 채 누워 있었다. 그녀는 조용히 다가가 팔람 파두 가죽을 가지고 상자 안에 감춰 두었다.

아내가 다시 잠자리에 들었다. 자고 싶었지만 잠이 오질 않았다. 다시 일어나 조용히 다가가 남자를 안았다. 그를 안자마자 바로 뒤로 나자빠지고 말았다. 남자가 그녀를 밀쳐 낸 것이다.

"지금 뭐 하는 거요? 당신이 죽을 수도 있소! 위를 보시오!"

고개를 들자 그녀를 향해 반쯤 내려온 검이 멈춰 있었다. 남자가 일어나 황제 표시가 있는 모자를 썼다.

남자는 부인과 혼인을 올렸다. 그리고 영감과 어머니를 초대했다. 어머니와 아버지가 도착하자 집에 들어가고 싶었지만 들어갈 수가 없었다. 금으로 뒤덮인 딸의 집은 미끄러워 앞으로 나갈 수가 없었다. 젊은 부부가 부모님들을 도와주러 갔다. 남편은 장인어른을, 부인은 친정어머니를 모시고 들어갔다. 그리고 함께 잔치를 즐겼다.

어머니와 아버지는 배불리 먹고 즐긴 후 집으로 돌아가며 말했다.

"여보, 여보! 우리 사위가 바로 하늘에서 내려온 청년이었소. 앞으로 사위에 대해 절대 나쁜 말은 하지 않을 거요."

케드로바야강의 용사

한 마을에 사냥꾼들이 살고 있었다. 그들은 타이가에 있는 강가 덤불숲에 유르트 몇 채를 짓고 함께 생활하고 있었다.

어느 날 티베울라라는 한 사냥꾼이 고개를 넘어 그들을 찾아왔다. 그는 바닷가 출신이었다. 그렇게 늙지도 젊지도 않은 중년의 남자였고 사람들의 눈에 잘 띄지는 않지만 아주 민첩하고 영리했다. 칼새처럼 한 마을에서 다른 마을로 옮겨 다녔고 어디에서도 오래 머물지 않았다. 그의 이름에서 '티베우'가 칼새를 뜻하는 것처럼, 이름 때문인지 그는 떠돌이 생활을 하며 살았다. 마을을 찾게 된 까닭은 신붓감을 구하기 위해서였다.

자, 일은 이렇게 시작되었다…. 그는 키가 작아 짧은 다리로 성큼성큼 걸었지만 부인은 젊고 예쁜 여인을 골랐다. 숲의 오랜 전통에 따르면 시집을 가게 될 처녀에게 신랑감이 마음에 드는지, 사랑하는지를 묻지 않았다. 왜냐하면 좋아하지 않아도 어쨌든 갈 테니 말이다. 신랑과 신붓감의 부모들은 사전에 자기들끼리 합의를 보았다. 장난감용 작살을 가지고 강을 뛰어다니는 어린아이 때부터 어느 마을 요람에서 누워 흔들거리고 있을 신부가 벌써 존재했던 것이다…. 아가씨가 혼기가 차면 신부로 데려가는 대가로 아버지는 신랑에게 쇠솥, 담비 가죽, 여러 모피와 돈 역시 요구했다. 이런 비상식적인 전통이 존재하는 시절이 있었다!

티베울라도 이런 과정을 거쳐 결혼을 했고 처음 몇 년을 부인과 함께 강가에서 지냈지만 나중에는 바닷가에서 살다가 홀아비가 되었다. 그에게는 자식이 없었다. 그리고 다시 장가를 가기로 마음먹었다. 그는 상인에게 모피를 팔아 쇠솥을 구했고 여러 가지 물건을 사서 모았다. 그래서 동족들이 사는 타이가에 빈손으로 가지 않을 수 있었다. 그는 그곳에서 아주 예쁜 레티가라는 아가씨를 만나 결혼하는 대신 많은 예물을 건넸다.

그러나 그는 마을에서는 살고 싶지 않았다. 어디를 가든 사람들이 꼬치꼬치 캐묻기 때문이다. "왜, 이번에는 오래 있을 거야?" 가는 곳마다 사람들은 그동안 어디에서 지냈는지, 앞으로 어떻게 살지 궁금해했다. 어디에나 있는 사람들의 눈을 피할 수가 없었다. 사람들은 그가 언제 어디로 사냥을 가는지 또 얼마나 사냥을 해 오는지 모두 알고 있었다. 부인과 말다툼을 해도 사람들에게 감출 수가 없었다…. 그리고 그가 마을을 피하고 싶은 중요한 이유는 젊은 사냥꾼들이 레티가를 힐끔힐끔 쳐다보기 때문이었다. 그녀가 지나가면 남자들이 큰 소리로 노래 부르곤 했다. 그녀가 입을 열면 모두 잠자코 그녀의 큰 보조개와 큰 눈의 긴 속눈썹을 넋을 빼고 바라보았다…. 레티가가 정말 아름다웠기 때문이다. 모두 이 사실을 알고 있었다. 사람들은 그에 대해 이렇게 말하곤 했다. "자, 저기 늙은 남편이 간다." 그가 전혀 늙지 않았는데도 말이다. 하지만 부인의 입장에서 보면 그는 물론 젊지 않은 남편이었다…. 아무튼 이 마을에서는 그를 이렇게 불렀다.

티베울라는 이런 사실에 화가 났다. '하지만 무엇을 할 수 있겠는가, 재앙으로부터 몸을 사리는 수밖에'라고 생각한 그는 자기가 없을 때 부인이 혼자 강가에 가는 것을 허락하지 않았다. 혹시라도 어떤 약삭빠른 젊은이가 레티가에게 함께 도망치자고 꾈까 봐 두려웠기 때문이다. 이런 경우가 간혹 있곤 했다….

어느 날 저녁 레티가와 나란히 여름 바라크에 앉아 저녁을 먹으며 남편이 말했다.

"잘 들어 봐, 여보. 내가 생각하고 또 생각해서 이렇게 결정했소. 사람들을 피해 더 멀리 다른 강으로 가서 삽시다. 아무도 우리를 귀찮게 하지 못하게 말이오."

부인은 반대하지 않았다. 남편이 말하면 그렇게 따르는

것이라고 어른들이 가르쳤기 때문이다. 몰래 눈물을 훔쳤지만 그녀는 동의했다. 어머니, 연로한 할머니와 아버지와 헤어지기 싫었지만 도리가 없었다. 그들에게 미리 알려야 했지만 티베울라는 허락하지 않았다.

"아침에 작별을 고합시다, 우리를 설득하려 들 게 뻔하지 않소."

다음 날 마을 사람들이 아직 자고 있는 새벽 무렵 티베울라와 그의 부인은 친척들과 작별 인사를 한 후 길을 떠날 차비를 마쳤다. 곰과 멧돼지 가죽, 작살, 느릅나무로 만든 상자, 옷과 그들이 소유한 모든 것을 배에 싣고 개를 데리고 강을 따라 하류로 떠났다.

그들은 하루 종일 배를 타고 갔다. 한 강에서 시작된 물은 그들을 다른 강으로 떠내려 보냈다. 딱 한 번 모래사장에 머무른 두 사람은 모닥불을 피워 대충 점심을 때운 후 다시 출발한 것이 전부였다. 티베울라는 신이 나서 힘껏 노를 저었다. 하지만 레티가는 속으로 생각했다. '대체 어디서 멈추려는 걸까? 벌써 멀리 왔는데….' 그가 장소를 골라 기슭에 정박했을 때는 이미 해가 숲에 겨우 걸쳐 있었다. 그곳에는 큰 삼나무들이 자라고 있었고 그 뒤로 산이 있고 이 산 너머는 다른 산이 멀리멀리 퍼렇게 버티고 있었다.

레티가는 겁에 질린 얼굴로 남편을 쳐다보며 말했다.

"대체 나를 어디로 데려가는 거예요? 여기는 메드베지야강[4]이잖아요…."

하지만 두 사람은 이곳에서 살기 시작했다. 얼마 후 티베울라는 유르트를 지었고 그루터기 네 개 위에 창고를 만들었다. 그곳에는 사람들이 살고 있지 않아 사람 구경을 할 수가 없었다. 남편은 낚시를 하고 가까운 곳에서 사냥을 했으며 부인은 수프를 끓이고 물고기 껍질로 옷을 만들었다.

강물이 꽁꽁 어는 겨울이 찾아오면 티베울라는 사냥을 떠났다. 썰매를 끄는 개들이 그를 파란 하늘로 이끌었다. 레티가는 집에 혼자 남았다. 기슭에 날아오는 새까만 까마귀 외에는 그녀를 찾아오는 손님은 아무도 없었다. 시간은 천천히 더디게 흘러가고 있었다. 겨울 내내 아무도 유르트로 가는 오솔길을 치우지 않았고 강에 있던 썰매 자국은 이미 오래전에 눈으로 덮여 버렸다. 타이가에는 수차례 눈보라가 몰아쳤다. 눈보라가 닥친 후 레티가는 유르트의 문을 어렵사리 열곤 했다.

한번은 해가 얼마나 환하게 떠 있던지 어두운 집에서

---

4) 메드베지야강 : '곰이 사는 강'이라는 뜻이다.

밖으로 나온 그녀는 눈이 부셔 뜰 수가 없었다. 유르트 위에 있는 대들보의 고드름이 녹아서 떨어지고 있었다. 톡! 톡! 숲속의 나무들 역시 눈을 흔들어 털고 있었고 눈 더미는 쉽게 부서졌다. 곧 기다리고 기다리던 봄이 올 것이다.

레티가는 고향 마을을 떠올리며 울기 시작했다. 만약 그녀에게 날개가 있다면 어머니가 살아 계신지 알아보게 날아갔을 텐데…. 아마 어머니도 그녀를 몹시 그리워할 것이다.

레티가가 장작을 패러 갈 때 다람쥐가 삼나무 줄기에서 그녀를 내려다보았다.

"너 왜 우니?" 다람쥐가 물었다.

"너무 외로워서. 우리 엄마는 다른 강에서 살고 계신데 계속 엄마 생각만 나네."

"울지 마! 곧 너도 엄마가 될 테니까." 레티가는 얼마나 기다려야 하는지 물어보고 싶었으나 다람쥐는 솔방울을 집고는 달아났다.

며칠 후 타이가에서 티베울라가 돌아왔다. 그는 썰매에 고깃감을 가득 싣고 왔다. 그도 지쳤고 개들 역시 지쳐 레티가는 남편이 짐 끌어내는 것을 거들었다.

레티가는 남편이 썰매에서 짐을 푸는 것을 도운 후 그를 위해 멧돼지 고기를 준비해 불에 올렸다. 저녁 식사를 하는 동안 티베울라는 그동안 어떻게 사냥을 했는지, 어디에 갔다 왔는지, 무엇을 봤는지를 부인에게 얘기해 주었다. 하지만 죽은 곰에 대해서는 언급하지 않았다. 저녁에 곰 얘기는 절대 꺼내서는 안 되었다. 어길 시에는 사냥할 때 재수가 없기 때문이다. 레티가는 잠자코 듣고만 있었다. 한참 후 입을 떼었다.

"있잖아요, 우리한테 아기가 생길 거래요." 티베울라는 기뻐했다.

"정말 좋은 소식이군! 오래전부터 아이가 있었으면 했는데. 만약 아들이 태어난다면 얼마나 좋을까! 큰 도움이 될 거야."

그 후로 두 사람은 식구가 늘어나기를 몹시 기다렸다. 봄이 왔다. 주위에는 꽃들이 만발했다! 새들도 소리를 내어 서로서로 짝을 찾으며 노래했다. 새들도 즐거운 모양이다. 그렇게 시간은 갔다….

티베울라는 매일 강에 쪽배를 타고 나가 작살로 물고기를 잡았다. 때로는 열목어, 때로는 자치를 낚시했다. 그러고는 집에 끌고 왔다. 레티가는 불가에서 부산을 떨었다. 수프를 끓이기도 하고 얇게 회를 쳐서 만든 탈라를 요리하기도 했다. 할 일이 딱히 없으면 유르트 가까이에 있는 나무토막에 앉아 남편의 셔츠를 바느질했다.

드디어 그녀가 큰일을 하러 갈 시기가 되었다. 큰일을 하러 가야 했다! 사람들이 이렇게들 말하는데 그것은 레티가가 숲에 출산을 하러 가야 한다는 뜻이다. 티베울라가 그녀를 위해 숲속에 나뭇가지로 만든 특별 임시 처소를 만들었고 느릅나무로 덮었으며 가문비나무를 끌어다 놓았다.

레티가가 멧돼지 가죽과 낡은 가운을 챙겨 숲으로 출발했다.

그녀가 걸어가며 훌쩍거렸다.

"만약 엄마가 이 사실을 알았더라면 체리로 만든 레표시카를 가져다주셨을 텐데. 할머니가 함께 있었다면 물을 충분히 마시게 하셨을 텐데."

티베울라가 이 말을 듣더니 그녀의 뒤를 따라가며 소리를 질렀다.

"신께 감사하시오, 지금이 겨울이 아니라 여름인 것을! 겨울에 아이 낳는 게 얼마나 힘든지 당신도 잘 알잖아. 지금은 따뜻하니 얼어 죽을 일도 없고…."

그들에게 아들이 태어났다. 열흘이 지나자 레티가는 아이를 안고 유르트로 돌아왔다. 아이가 얼마나 무거운지 그녀는 겨우 들고 왔다.

아버지는 아들을 위해 요람을 만들어 주었으나 아이에

게 요람이 좁아 새로 만들어야 했다.

"이제 나에게 조력자가 생긴 거야. 아, 벌써 큰 소리로 웃네! 이렇게 작은 아이가 목청껏 웃어 대다니!" 티베울라가 아들을 보며 말했다.

아이는 강물이 홍수로 불어나는 것보다 빠르게 자랐다. 아버지가 새 작살을 만드는 동안 아들의 첫 이가 났다. 어머니 역시 이렇게 빨리 자라는 것을 보고 놀라워했다.

며칠이 지나자 한밤중에 아이가 울기 시작했다.

"앙, 앙, 앙…. 어머니, 아버지!"

깜짝 놀란 부인은 남편을 깨웠다.

"여보, 들었어요, 아아아! 우리 아들이 말을 하며 울어요? 세상에나!"

티베울라는 정신을 차려 침대에 걸터앉았지만 기뻐해야 할지 말아야 할지 몰랐다. '혹시라도 재앙이 닥치는 것은 아닐까?' 아이가 여느 아이들 같지 않았다. '누구에게 조언을 구해야 할까?' 가까이에 샤먼이라도 있었으면 불렀을 텐데 샤먼도 살고 있지 않았다.

"알았소, 말도 하고 울라고 내버려 둬요! 그런 거지. 앞으로 어떻게 크는지 지켜봅시다." 티베울라가 말했다.

"당신이 저를 사람들로부터 괜히 멀리 데려온 거예요. 당신 때문에 사람 없는 곳에 살면서 사람 구경도 못 하고

도대체 이게 사는 거예요?" 레티가가 남편에게 욕을 퍼부으며 꾸짖었다.

티베울라가 부인을 설득하려 했다.

"사람들이 자주 서로서로를 방해하니까 그렇지. 좁은 곳에서 서로 가까이에 살면 사냥할 데도 없으니 굶주리겠고 그러면 병도 생기게 마련이오. 사람이 많이 사는 곳이 좋은 삶을 보장할 수 없다고…."

레티가는 한숨을 크게 내쉬며 말했다.

"아니에요! 우리 마을에서는 서로서로 도와주며 살았다고요. 당신이 틀린 말을 하는 거예요."

두 사람은 서로 싸웠고 아이는 듣고만 있었다.

다음 날 아이의 이는 더욱 자랐고 몸은 요람이 불편할 정도로 커졌다.

연어의 이동 시기가 다가오자 티베울라가 낚시를 준비했다. 그가 배를 수리하는 동안 레티가는 강가에서 그릇을 닦고 있었는데 바로 그때 아이가 요람을 망가뜨리고 빠져나와 제 발로 서서 부모를 향해 걸어왔다.

"이제 자는 건 충분히 했으니 저에게 셔츠를 주세요!"라고 말을 하는 것이었다.

티베울라는 너무 놀라 입을 다물 수가 없었다.

"하느님 맙소사! 여보! 무슨 일이 벌어졌는지 봐! 우리 아들이 셔츠를 달래, 자기 발로 걸어오면서!"

레티가가 설거지를 멈추고 아들을 바라보았지만 두 눈을 믿을 수가 없었다.

그녀는 아들에게 셔츠와 사슴 가죽으로 만든 가벼운 신발을 만들어 주었다. 며칠 후 옷도 신발도 그에게는 꽉 끼었다. 다시 만들어야 했다.

첫눈이 올 무렵이 되자 소년의 머리는 유르트의 위 기둥에 닿았다. 겨울은 오래 지속됐고 아이는 급속도로 성장했다.

한번은 아버지의 도끼를 가지고 숲에 가서 장작을 팬 뒤 가져오며 부모님께 작정한 듯 말을 꺼냈다.

"이제 저는 어린이가 아니에요! 저에게도 아버지처럼 좀 더 따뜻한 가운과 바지, 정수리에 다람쥐 꼬리가 달린 모자를 주세요. 그리고 활과 화살도 주시고요. 앞으로 사냥하러 다니겠어요!"

아버지와 어머니는 아들을 보며 놀라움을 감추지 못했다. 티베울라는 부인에게 아들이 부탁한 것을 모두 갖다 주라고 했다.

레티가가 황당하다는 표정을 지었다.

"어디서 어떻게 만들어요? 바느질할 것도 없고, 천이 한 조각도 남아 있지 않거든요. 덧댈 것도 없는데…."

티베울라가 한참을 생각하더니 자기 이마를 치며 말했다.

"아이구구구! 내가 당신을 데려올 때 나한테 아주 잘 만든 가운이 있었는데. 기억하오? 정수리에 다람쥐 꼬리가 달린 겨울 모자도 있었지. 온통 장식인 모자고 머리 덮개는 어깨까지 내려왔는데. 그게 모두 어디 있지? 창고에 있나? 내가 가져와 우리 아들에게 줘야겠소."

레티가가 창고로 쏜살같이 달려가 옷, 화살과 활을 찾아 가져왔다.

"얘야, 여기 있다, 아들아! 그리고 이것은 스키란다. 이제 네 것이다!"

모두 차려입은 아들은 스키를 타고 나가 꽁꽁 얼어붙은 케드로바야강을 따라 내려갔고 그다음에는 다른 강을 건너가 강 위를 달렸다. 아버지와 어머니가 뒤를 쫓아갈 수 없을 정도로 아들은 순식간에 모습을 감추었다. 단지 눈이 흩날리는 소리만 남긴 채 말이다. 아들이 달리며 노래를 불렀다.

어머니가 사슴의 발로 내 스키를 만들었네,
아버지는 칼로 그 끝을 접으셨네.
큰 나무 중간까지 뛰어올라,

작은 나무 위까지 올라가네.

할아버지가 묻지, "눈가루는 어디서 오나?"

할머니가 대답하지, "아마도, 눈보라가 쓸어 놓은 것이겠죠."

스키 타는 것은 아주 쉽지.

멀리멀리 달려 보세.

이렇게 아들이 멀리 타고 나갔고 그의 뒤에는 윙윙거리며 휘날리는 눈 소리만 들릴 뿐이었다. 얼마나 지났는지 아무도 모른다. 어디서도 멈출 것 같지 않았던 그의 앞에 갑자기 땅에서 솟은 것처럼 자작나무 숲이 나타나더니 유르트 한 채가 보였다. 얼어붙은 강기슭에는 이 유르트만 덩그러니 서 있었다. 처음에는 아무도 보이지 않았지만 잠시 후 유르트 안에서 한 아가씨가 나왔다.

"와아! 밖에 눈이 왔어!" 기뻐 들뜬 목소리로 말하더니 물을 길으러 강으로 내려갔다. 그러나 얼음 구멍에 양동이를 내리기도 전에 청년이 눈 회오리 소리를 내면서 쏜살같이 나타났다. 청년을 보고 놀란 처녀가 말했다.

"당신은 누구시죠? 이름이 뭐예요?"

"모릅니다. 부모님이 이름을 채 지어 주기도 전에 제가 너무 빨리 자라 버렸거든요. 부모님은 저를 그냥 바타[5]라고 부르셔요….”

“아무리 그래도 이름이 있을 텐데…. 그러니깐 당신은 바타인 거죠?”

“맞습니다.” 그러면서 어깨에 메고 있던 화살이 든 가방을 바로잡았다. 그러면서 아가씨를 머리부터 발끝까지 훑어보더니 깔깔대며 웃기 시작했다. 그녀의 머리는 빗지 않아 헝클어져 있었고 가운은 잠그지 않아 풀려 있었기 때문이다.

아가씨, 아가씨, 아이고, 아이고!
물통을 가져가세요, 여기, 여기요!
얼음 구멍에서 물을 뜨세요,
제가 물 좀 먹게 해 주세요.

그녀는 느릅나무로 만든 물통에 물을 떠서 청년을 쳐다보지 않은 채 느릅나무 그릇에 물을 따라 그에게 내밀었다. 하지만 그녀가 그릇을 대충 건네는 바람에 삐져나온 화살을 건드려 물이 두 사람의 발에 쏟아지고 말았다. 청년이 그녀를 놀리며 웃었다.

---

5) 바타 : '아가야'를 뜻한다.

이 칠칠치 못한 아가씨야, 알나리깔나리!
물통도 건네지를 못하네.
머리는 헝클어졌고, 아이고, 아이고!
신고 있는 신발은 찢어졌네, 참나, 참나!

그의 말을 들은 아가씨는 마음이 상해 말했다.

"저한테 자꾸 집적대지 말아요! 그리고 저를 계속 비웃으면 오빠들을 부르겠어요…."

"오빠가 있어요? 어디에 있는데요?"

"아주 가까이 있죠. 바로 저기 앉아 있네요." 그녀는 멧닭과 꿩이 있는 관목을 가리켰다.

바타가 웃기 시작했다.

"새들과는 형제가 될 수 없죠. 사람은 전혀 다른 형제를 갖고 있어요. 저것들은 지금 저에게 구워 주세요. 너무 굶어 고기가 먹고 싶거든요." 그러고는 가방에서 화살을 꺼내 활시위에 건 후 당기려 하자 처녀가 갑자기 눈물을 흘리며 청년에게 말했다.

"죽이지 말아요, 바타! 손대지 말아 줘요! 내가 당신을 배불리 먹여 줄 테니까요. 이 동물들은 정말로 제 오빠들이에요, 예전엔 사람이었는데 못된 독수리가 오빠들을 새로 만들어 버렸어요. 저희 유르트에 가시면 제가 모두 말씀드릴게요. 물통 좀 들어 주세요."

바타가 그녀의 말을 잠자코 들은 후 얼음 구멍에서 물이 가득 찬 양동이를 들어 올리고 그녀의 뒤를 따라갔다. 멧닭과 꿩은 유르트에 더 가까운 관목으로 날아가 문 쪽을 보고 있었다.

처녀는 불을 지핀 후 생선을 솥에 끓였고 말린 고기를 잘라 테이블에 차리며 청년에게 대접했다. 그는 먹었지만 그녀는 빵 조각을 모아 느릅나무로 만든 상자에 담았다.

"꾸, 꾸." 새소리가 들렸다.

바타가 굴뚝을 올려다보자 그곳에는 빨간 깃털을 가진 새가 앉아 있었다. 그가 새를 놀라게 하려고 손을 들자 처녀가 그를 말렸다.

"하지 마세요! 이 새는 어치예요. 제 언니죠. 언니가 배가 고픈가 봐요. 언니는 정말 예쁘고 가운에 못 만드는 장식이 없을 만큼 솜씨가 좋았어요."

어치가 아래로 날아오자 처녀는 느릅나무 그릇에 빵 조각을 담아 주며 계속 말을 이어 갔다.

"옛날 우리가 강 상류에 살았을 때 저희 유르트는 토폴리나야[6] 지류에 있었고 사람들이 아주 많이 살고 있었어요. 그 후 아버지와 어머니는 이곳 베료조바야[7]강으로 이

주하셨는데 이곳으로 온 첫해에 돌아가셨어요. 부모님이 안 계셔서 저희는 정말 힘들었답니다. 가을이 되면 오빠들은 연어를 낚시하고 사슴들을 잡아 먹잇감을 저장했지요. 얼마 지나자 오빠들이 사람들이 많은 옛날 살던 곳으로 다시 가자고 했어요. 언니는 오빠들과 떨어지기 싫어서 함께 갔죠. 그런데 저는 혼자 남아 개들 돌보고 유르트도 지켜야 했고 집에 있던 곰 가죽, 멧돼지 가죽, 그릇, 옷 등 우리가 갖고 있던 모든 것을 챙겨야만 했어요. 큰오빠가 그곳에서 연어가 잘 잡히면 저를 데리러 온다고 했어요. 오빠들은 활과 화살, 새로 만든 장대, 작살을 가지고 언니는 먹을 것을 봇짐에 싸서 상류로 떠났어요. 하지만 가는 도중 오빠와 언니의 쪽배가 너무 가벼워서 경로를 벗어난 거예요. 얼마나 빨리 멀어지던지 곧바로 사라져 버렸어요. 곧 암석 낭떠러지가 있는 급경사에 도착했지요. 오빠들과 언니는 왼쪽으로 돌았어야 하는데 기슭이 있는 오른쪽으로 가고 만 거예요. 절벽과 나란히 서게 되자 갑자기 큰 소리가 들리더니 절벽 위에 있던 돌들이 오빠와 언니에게 떨어지는 거예요. 그게 무슨 소리냐고요? 돌들

---

6) 토폴리나야 : '은백양의'를 뜻한다.

7) 베료조바야 : '자작나무의'를 뜻한다.

이 쪽배에 떨어져 흔들리자 오빠들은 돌을 밖으로 던지려 했죠. 바로 절벽에 있던 독수리가 몸을 숨긴 채 돌을 던지고 있었던 거예요. 잠시 후 날개를 펼치고 하늘을 날자 그 몸집이 얼마나 컸는지 쳐다보기가 겁이 날 정도였어요. 큰오빠가 활시위를 당겼지만 화살은 빗나가 물에 빠지고 말았어요. 작은오빠도 화살을 쏘았지만 날개에 맞고 역시 물에 빠졌어요. 언니는 화살이 도움이 안 되니 우리를 죽이려 하는 독수리에게 장대를 던지자고 했어요. 그러면서 자신은 배를 다른 기슭으로 돌리려 했지요. 독수리가 거의 가까이 다가오자 큰오빠가 장대로 독수리를 올려쳤지만 장대는 두 동강 나고 말았어요. 작은오빠가 노로 때렸지만 노 역시 망가졌지요. 이 못된 독수리는 힘이 무지하게 셌어요. 큰오빠가 쇠 작살을 들자 독수리는 쇳소리를 내며 화를 냈고 날개를 흔들더니 폭풍우를 일으켰어요. 앞이 하나도 보이지 않았고 물거품이 사방에 날아다녔어요. 독수리가 먼저 큰오빠를, 다음에는 작은오빠를 날개로 쳤어요. 그리고 언니까지 건드렸죠. 독수리가 쇳소리를 내며 하는 말이 들렸어요. '너희, 자, 너희를 말이다! 사람을 전혀 닮지 않은 작고, 손이 없는 모습으로 만들어 버릴 테다, 그리고 새들과 함께 살면서 나에게 복종하게 될 것이다.'

그러자 오빠들이 새로 변했는데 저는 처음에는 전혀 이 사실을 알지 못했어요. 저녁이 되기 전 기슭에 나와 불을 피우려 했지요. 쪽배가 물에 쓸려 떠내려오는 것이 보였어요. 그런데 배 안에는 아무도 없었어요. 우리 배 같았는데 텅 비어 있는 거예요. 저는 쪽배를 잡기 위해 묶여 있던 배를 풀어 타고 갔어요. 그랬더니 배 후미에 멧닭과 꿩이 있고 앞쪽에는 빨간 날개를 가진 어치가 앉아 있는 거예요! 어치는 처음에는 꾸꾸 울더니 잠시 후 사람처럼 말을 하는 거예요. '동생아, 우리야, 못된 독수리가 암석 벼랑을 지나가는 우리를 막더니 이렇게 새로 만들어 놓았어!' 그런데 멧닭과 꿩은 어치에게 휘파람만 불 뿐 잠자코 있는 거예요. 무슨 일인지 어떻게 해야 할지 정말 어이가 없었지요. 제가 그랬죠. 여기서 괜히 떠나서 그렇게 됐다고. 또 그렇게 멀리 가는 게 아니었다고요. 제가 강가로 배를 몰자 멧닭과 꿩은 배에서 날개를 퍼덕이며 날아가더니 관목 사이로 사라져 버렸어요. 어치는 유르트 위에서 맴돌기 시작했고요. 지금 언니는 숲에 있고 자주 이곳에 나타나요. 몸을 녹이거나 먹을 것을 찾으러 오곤 하죠. 그리고 새로운 소식을 제게 얘기해 주기도 하고요. 이게 사는 건가요, 어떻게 생각하세요? 모두 다 불쌍해요." 처녀는 울기 시작했고 빵 조각을 모으면서 계속 눈물을 흘렸다.

"얼음 구멍 옆에서 저를 비웃었죠, 제 머리가 헝클어져 있고 신발은 찢어졌다면서요…. 제 슬픔이 이런데…. 무엇을 어떻게 해야 할지 모르겠어요…."

"독수리를 죽이면 되지요! 제가 죽일게요." 바타가 말하고는 음식을 옆으로 밀어 놓았다.

"독수리 죽이기가 그렇게 쉬운가요. 가시가 돋친 날개가 있고 부리는 쇠로 되어 있고…. 소용없을 거예요."

"제가 어떻게라도 해 보죠. 전 케드로바야강에 사는 사냥꾼의 아들이거든요. 저희 아버지 티베울라는 혼자 곰 사냥을 다니시죠. 하지만 부모님은 사람들이 사는 곳에서 멀리 떨어져 살아 그곳으로 가는 길을 잊어 안타깝습니다. 예전엔 큰 강에서 살았다던데, 그리고 그곳에 제 할아버지와 할머니가 계시고요. 그분들은 제가 태어난 것도 아직 모르실 거예요. 제가 그분들을 찾아가야 합니다. 하지만 그것은 나중에 할 일이고 먼저 독수리를 죽여야겠네요."

말이 끝나기가 무섭게 그는 떠날 차비를 했다.

"혹시 필요할지 모르니 개와 썰매를 드릴까요?" 처녀가 물었다.

"아니요, 내 스키를 타면 됩니다!" 그는 다시 우데게족 남자들의 겨울 모자를 쓰고 허리띠를 맨 후 털 장화를 더욱 단단히 조였다. 그리고 활도, 쇠촉이 달린 화살이 든 가방의 끈도 꽉 묶었다.

바타가 준비를 마치자 처녀는 그를 슬픈 눈으로 바라보았다. 만약 독수리가 그 역시 다른 새로 바꾼다면 어떻게 해야 할까?

"제 아버지의 창을 가져가세요. 제가 지금 갖다드릴게요."

그때 어치가 다시 하늘에서 내려와 굴뚝 근처에 자리를 잡고 사람처럼 말을 쏟아 냈다.

"만약 독수리를 죽이면 가장 큰 깃털을 뽑아서 가져오세요."

"그것이 왜 필요하십니까?" 청년이 묻자 어치가 말했다.

"그 깃털이 우리를 도와줄 거예요. 잊지 말아요. 아시겠죠?" 바타는 창을 가지고 유르트에서 나왔고 그의 뒤를 따르던 멧닭과 꿩은 기슭 관목으로 날아가 그곳에서 그를 바라보았다. 그는 스키를 타고 뒤를 돌아보지도 않은 채 얼어붙은 강을 따라 상류로 가기 시작했다. 태양을 마주하며 계속해서 멀리 더 멀리 달려갔다.

한참을 가는 동안 새도 동물도 아무것도 보이지 않았다. 앞에 독수리 절벽이 나타났을 때는 이미 해가 진 후였다. 바타는 걸음을 재촉해 연기처럼 하얀 먼지가 뭉칠 정도로 빨리 달렸고 이따금 자욱한 연기를 뿜어내는 넓은 빙호(氷湖)를 뛰어넘었다. 벼랑 가까이 도착한 그는 위를 올려다보았지만 아무도 없었고 주위는 조용하고 텅 비어 있었다. 어두워지기 시작할 무렵 갑자기 피로가 밀려와 그는 잠시 쉬기로 했다.

기슭에는 세 명이 나란히 선다면 족히 몸을 숨길 수 있을 정도로 줄기가 넓은 은백양이 덩그러니 서 있었다. 그러나 바타는 혼자였다. 자리를 정돈한 후 전나무 가지를 부러뜨렸고 칼로 마른풀을 잘라 누울 수 있도록 만들었다. 그는 은백양에 기대어 잠이 들었다. 밤새 깊은 잠에 빠져 미동조차 하지 않았다.

아침이 되어 누군가의 삐걱거리는 소리를 들을 때까지 그는 눈을 뜨지 않았다.

"전나무 깔개에 있는 더러운 놈은 누구냐? 옷은 서리로 덮여 있고 눈썹에도 흰서리가 껴 있네. 어디 가는 거지? 왜 가는 거야? 스키에도 얼음, 모자에도 얼음이 있네."

바타가 고개를 들자 큰 독수리가 보였다. 독수리는 은백양 꼭대기에 앉아 있더니 잠시 후 구부러진 나뭇가지로 내려왔다. 독수리의 날개는 거대했다. 독수리가 날개를 펼치자 적황색의 마른풀이 바람에 몸을 흔들었고 곧 회오리바람이 일어났다. 날개에는 정말 가시가 돋쳐 있었고 부리는 쇠로 되어 있었으며 목 밑으로는 평범한 깃털이었다.

“어디 있는 거냐! 곧 내가 어떤 사냥꾼인지 알게 될 것이다.”

그는 활을 잡고 가방에서 아버지의 화살을 꺼내 무릎에 대고 조준했다. ‘만약 내가 저 새의 목 아랫부분을 명중시킨다면 해가 오랫동안 나를 비출 것이다.’ 이렇게 생각하고 화살을 당겼다. 그러나 화살은 독수리의 쇠로 된 부리 옆으로 날아갔다. 화살은 눈 위에 떨어졌고 독수리는 껄껄 웃으며 은백양 꼭대기로 날아올랐다.

이번에 바타는 쇠로 만든 화살촉의 화살을 꺼내 잠시 조준한 후 화살을 당겼다. 화살은 독수리의 목 정 가운데에 꽂혔다. 독수리는 퍼덕거리며 날면서 느릿한 신음 소리를 내며 땅에 떨어졌다.

“네놈은 그리되어야 하지. 이제 만일을 대비해 창으로 찔러 주마.”

창을 들고 독수리 가까이 가서 창을 내리 찔렀다. 화살은 아직도 독수리의 목에 꽂혀 흔들거렸다. 화살을 빼려고 씨름하던 바타가 겨우 뽑았지만 자신의 몸 쪽으로 가져오려다 잘못해서 다리에 상처를 입히고 말았다. 피가 멈추지 않고 계속 나고 있었다. 바타는 아픈 몸을 이끌고 비틀거리며 은백양으로 겨우겨우 기어가서 밤을 보냈던 그 자리에 다시 누웠다.

그에게 운이 따르지 않았다! 바타는 하루 종일 나무 아래 누워만 있었고 곧 밤이 되었다. 주위는 적막했고 관목에서 새들이 서로에게 지저귀는 소리와 바람 부는 소리만이 들렸다. '곧 여기서 죽겠구나. 제일 큰 깃털을 독수리 날개에서 뽑지도 못했는데. 모든 것이 끝이구나. 다리에서 피는 계속 흐르고 또 흐르는데. 어떻게 멈춰야 할까?' 바타가 생각에 잠겼다. 불현듯 어디선가 부스럭거리는 소리가 들렸다. 마른풀 사이로 누군가 그에게 살며시 다가와 그의 머리맡에서 부스럭댔다. 그가 팔꿈치를 들자 큰 쥐가 보였다.

"꼬리가 긴 쥐구나. 뭐 필요한 것이 있니? 보시다시피 내가 많이 아프단다. 만약 네가 우리 부모님이 사시는 케드로바야강에 가 준다면 참 좋을 텐데. 내가 심한 부상을 입었다고 전해 준다면 말이야. 그럼 부모님이 나를 데리러 와 주실 텐데."

쥐가 그의 냄새를 맡더니 옆으로 도망가며 찍찍 울어댔다.

"난 네가 죽기를 기다리고 있는데? 네 뼈를 갉아 먹고 싶단 말이야."

바타가 눈을 뭉쳐 쥐에게 던지며 화풀이를 하자 쥐는 깜짝 놀라 관목 숲으로 몸을 감췄다. 다시 고요해졌다. 바타는 다시 누워 하늘을 바라보았다. 하늘은 정말 파랗고 고요했으며 태양은 환하게 빛나고 있었지만 바타는 힘이 없어 일어날 수조차 없었다.

그가 하늘을 바라보는 동안 관목 숲에서 여우가 뛰어나오더니 바타 곁에 멈춰 섰고 북실한 꼬리를 흔들며 잠자코 있었다. 바타는 생각에 빠진 나머지 여우가 온 것을 알아채지 못했다. 고개를 들어 여우를 발견하고는 물었다.

"여우야! 너는 원래부터 착하지. 그리고 네 다리는 엄청 빠르고. 우리 부모님이 계신 케드로바야강에 가서 내가 못된 독수리를 죽였지만 뜻하지 않게 다리를 다쳤다고 전해 주렴."

여우가 입맛을 다시며 말했다.

"나는 네가 죽기만을 기다리는데. 고기를 못 먹은 지 한참 됐거든. 죽기까지 시간이 좀 걸리겠지?"

화가 난 청년은 신음 소리를 내며 창을 잡았지만 약삭빠른 여우에게 던질 힘이 없었다. 여우는 성이 난 바타를 보고 겁먹은 듯 꼬리를 움츠리며 쏜살같이 도망쳤다.

태양이 바타의 머리에 내리쬐자 그는 눈을 감더니 곧 꾸벅꾸벅 졸기 시작했다. 그는 까마귀가 우는 소리에 정신을 차렸다.

"까악, 까악!"

까마귀가 은백양 주위를 돌며 청년을 본 다음 옆 나무에 기어올라 다시 울었다.

"저기, 까마귀야! 내 머리 위에서 깍깍대는 이유가 뭐니? 내 부모님께 가서 나의 슬픔을 얘기해 주면 좋겠구나. 내가 살아남는다면 죽을 때까지 네 털끝에 손도 안 댈 테니. 제발 날아가 줘." 그가 검은 새에게 간절히 부탁했지만 소용이 없었다. 까마귀는 깔깔대며 웃었다.

"아이고, 그런 생각을 다 했구나! 난 네가 죽기를 바라고 있어. 네 눈알을 쪼아 먹고 싶거든." 바타는 까마귀와 더 이상 아무 말도 하고 싶지 않았다. 도움을 청할 사람이 없다는 것을 알게 된 것이다. 시간은 점점 흘렀고 그의 옆구리는 서리로 덮였으며 그는 얼어 가고 있었다. '이제 곧 끝이구나.'라고 생각할 무렵 갑자기 어디선가 들어본 목소리가 들렸다.

"꾸, 꾸!"

어디서 그런 힘이 생겼는지 그는 머리를 힘껏 들어 올려 위를 보고는 너무 기쁜 나머지 자기 눈을 믿을 수가 없었다.

"어치세요? 어치 맞지요? 빨리 내려와 줘요. 어치님, 제가 곧 죽음을 맞이할 것 같아요."

어치는 나뭇가지에서 내려와 그의 머리맡에 나란히 앉

아 그가 말하는 것을 경청했다.

"내가 독수리를 죽였어요. 저기에 있을 거예요, 보이지요? 그런데 악령이 나에게 벌을 내린 것 같아요. 아버지와 어머니가 이 사실을 아신다면! 제 부모님께 다녀와 줘요, 어치님."

"그런데 깃털을 뽑았나요?" 어치가 물었다.

"아니요, 그럴 새가 없었어요. 그렇게 됐답니다."

"제 오빠들, 멧닭과 꿩이 당신 뒤를 쫓아왔어요. 두 오빠는 아무 말도 못 하지만 그들이 우리한테 날아왔을 때 저랑 동생은 당신에게 큰 재앙이 닥쳤다는 것을 바로 알아차렸어요. 그래서 제가 당신께 서둘러 온 것이지요. 걱정하지 마세요. 제가 지금 바로 당신의 이야기를 부모님께 전할게요. 그러니 제가 다녀오는 동안 자책하지 말고 편히 계세요. 그리고 이 열매들 좀 드세요. 제 동생이 당신에게 보낸 것이랍니다. 이 열매는 지혈 효과가 아주 뛰어나요. 어서 드세요!"

바타는 열매를 들어 입에 넣어 씹기 시작했고 어치는 케드로바야강으로 날아갔다.

티베울라와 그의 아내는 아들이 죽었다고 생각했다. 그가 유르트를 떠난 지 많은 날이 흘렀지만 돌아오지 않았기 때문이다.

“만약 사람들이 가까이 있었더라면 타이가에서 아들을 찾아 도와줬을 텐데. 다 당신 잘못이에요, 당신 잘못이라고요. 당신이 사람들 없는 곳에서 살고 싶어 했기 때문이라고요. 그래서 꼴좋게 아들을 잃어버렸네요. 어디서 찾을 거예요? 누가 우리를 도와주겠어요?” 어머니는 눈물을 흘리며 말했다.

어머니는 매일 이런 말을 남편에게 퍼붓고 울며 세월을 보냈다.

“우리 아들은 다른 사람들과는 다르다고. 걔는 용사야. 아무 일도 일어나지 않았을 거요. 꼭 돌아올 거라고!” 남편이 부인의 말을 반박했다.

티베울라는 겉으로는 부인을 진정시켰지만 속으로 다르게 생각했다. ‘타이가가 너무 넓어서 길을 잃은 것은 아닐까? 오늘 안 오면 내일은 찾으러 나서야겠다…. 하지만 아이를 어떻게 찾을까? 발자국은 눈으로 덮여 있고 스키 자국도 전혀 남아 있지 않을 거야. 곧 봄인데….’

“혹시 빙호에 빠진 것은 아닐까요? 아니면 곰의 습격을 받았나? 어쩌면 어디 나무 아래에서 얼어 죽었는지도 몰라요…. 아니면 굶어 죽었나?” 레티가는 끊임없이 불길한 상상에 빠졌다.

“쓸데없는 생각 그만하시오! 이제 그만!” 티베울라가 성이 나 문을 꽝 닫으며 유르트 밖으로 나갔다. 해가 얼마나 밝은지 눈을 뜨기가 힘들었다. 그는 장작을 패기로 했다. 도끼를 들려고 하자 빨간 깃털을 가진 새 한 마리가 날아와 그의 머리 위에서 빙글빙글 돌았다.

"꾸, 꾸!"

"어치야, 여기서 뭐 하니? 어서 비켜라!" 그가 소리쳤다.

"당신께 소식을 전하러 왔어요." 어치가 말했다. 새가 사람의 말을 한다는 것에 몹시 놀란 티베울라는 도끼를 떨어뜨렸다. 바로 그때 레티가가 문을 열며 유르트 주위를 살폈다.

"당신 누구랑 말하는 거예요?"

"여기 좀 나와 봐요, 있잖아, 이 새가 뭐라고 꾸꾸거리잖아…"

레티가가 유르트에서 나와 남편을 어이없는 듯 바라보았다.

"정신 나갔어요. 어치랑 까마귀도 혼동하고. 이 새가 무슨 새인지 정말 몰라요?"

어치가 그루터기에 앉아 말을 시작했다.

"그러니깐 말예요. 두 분 그만 싸우시고요. 지금 당신 아들 바타는 살아 있어요. 그런데 부상을 당해 독수리 벼랑 근처의 은백양 아래에 누워 있어요, 피를 많이 흘려 몸이 안 좋답니다. 좋은 약을 찾아야 합니다. 약효가 좋은 것으로요."

어치는 바타가 독수리를 죽였고 뜻밖에 다리에 상처를 입었다고 부모님께 얘기해 주었다. 그런 다음 바타가 어디에 있는지 설명했고 가는 길을 보여 주었다. 티베울라는 썰매에 몸을 싣고 출발하기 위해 개들을 불렀다.

레티가는 너무 기쁜 나머지 어찌할 바를 몰랐다. 잠시 후 유르트에 뛰어 들어가 손에 작은 꾸러미를 가지고 나왔다.

"있어요, 있어. 저한테 좋은 약이 있어요. 아버지가 저에게 주신 거예요. 아버지는 모든 종류의 유익한 풀들을 알고 계셨어요. 그런데 이것은 약초가 아니라 말린 빨간 열매예요. 덩굴나무 가지에서 자란 열매로 만든 약인데 이 약을 먹으면 시간이 지날수록 힘이 생긴대요. 우리 아들에게 이 약을 가져다줍시다. 저도 같이 가겠어요, 아셨죠, 티베울라?"

그녀가 남편의 이름을 안 부른 지 너무 오래돼 어색했지만 그를 다정하게 불렀다. 마치 너무 기쁜 나머지 그동안의 상한 마음을 모두 잊은 듯이 말이다. 티베울라 역시 놀라 말했다.

"그럽시다, 어서 준비하시오!"

어치는 부부를 보며 오래 가야 한다고 생각하니 안타까운 마음이 들었다. 바타가 혼자 그곳에서 약이 빨리 오기를 기다리고 있기 때문이었다.

"제가 이 열매를 아드님께 갖다줄게요. 그동안 두 분은 썰매를 타고 오세요. 제가 더 빨리 날아갈 수 있으니까요. 조금이라도 시간을 단축하는 게 좋겠어요. 여기에 꾸러미를 묶어 주세요."

레티가가 말린 열매가 들어 있는 가벼운 작은 약 꾸러미를 빨간 깃털 새의 목에 묶어 주자 새는 다시 길을 떠났다.

베료조바야강에 도착하자 그는 유르트 위를 빙빙 돌았고 여동생이 무엇을 하는지 들여다보기 위해 굴뚝에 앉았다. 그러나 유르트에는 아무도 없었다. 유르트 근처에는 개미 한 마리도 보이지 않았다. '모두 어디 간 거지? 동생도 오빠들도?' 심지어 개도 보이지 않았다. 썰매도 역시 없다.

'아마 동생이 독수리 벼랑에 갔나 보네.' 어치는 날개를 퍼덕이며 계속 날아갔다.

어치가 날며 아래를 내려다보자 얼어붙은 강을 따라 썰매 자국이 길게 늘어져 있었다. 말하자면, 어치가 정확히 맞힌 것이다. 잠시 후 다시 아래를 내려다보자 개가 썰매를 끌고 있었고 썰매에는 여동생이 타고 있었다. 멧닭과 꿩도 나란히 가고 있었다. 멧닭과 꿩 역시 위로 올려다보기도 하고 관목에 잠시 앉았다가 썰매를 따라잡기도 했다.

"꾸, 꾸!" 어치는 강 위를 날며 그들에게 소리를 질렀고 곧 그들을 따라잡았다.

티베울라와 부인도 어디에선가 가고 있었다. 그들이 타고 있는 개썰매가 눈으로 하얗게 덮인 강을 따라 쌩쌩 달렸다. 그들 앞에는 여동생과 오빠가 가고 있다. 하지만 누구보다 제일 빠른 것은 어치였다.

바타는 빨간 깃털 어치가 그렇게 빨리 다녀올 것이라고 상상조차 못 했다. 어치가 전나무에서 내려왔을 때 그는 은백양에 기대 앉아 있었다.

"자, 여기 약이에요. 약 꾸러미를 풀어 보세요, 제 목에 있는 거, 보이죠? 당신 어머니께서 보내신 약이랍니다. 부모님도 이곳에 오고 계시는데 아마 내일 아침에 도착할 거예요. 제 동생도 마찬가지고요. 어서 먹어요. 이 약을 먹으면 시간이 갈수록 힘이 솟아난대요."

청년이 꾸러미를 풀어 약을 먹자 어치는 날개를 퍼덕이며 관목 사이로 사라졌다.

바타는 충분히 먹은 후 깊은 잠에 빠졌다. 얼마 잤는지 모른다. 숙면을 취하자 그는 다리를 들 수 있었다. 어디서 이런 힘이 생겼을까? 마치 다리가 아팠던 적이 없는 것 같았다. 대체 뭘까? 왜 이렇게 따뜻할까? 바타가 자기 앞을 보고 깜짝 놀라 꼼짝도 하지 못했다. 활활 타고 있는 불가에는 아가씨가 있었다. 그녀는 그를 바라보며 웃고 있었다. 어찌 된 일일까?

그녀는 마치 사슴 사냥 축제에 가려는 사람처럼 옷을 입고 있었다. 새로 만든 가운을 입었고 밑자락에는 하얀 조개들이 있고 그 사이에는 노란 장식이 흔들대며 반짝거렸다. 찢어진 신발 대신에 여러 색깔의 장식이 있는 새 신발을 신고 있었다.

"당신이 어치예요, 맞아요?" 바타가 그녀 가까이 다가가 물었다.

"아니요. 어치는 제 언니예요. 언니는 지금 저쪽 전나무 아래 앉아서 울고 있어요. 불가에 앉아 있기가 더워서요."

"그런데 왜 울고 있죠?"

"기뻐서요. 언니는 마음씨가 참 고와요. 당신이 나아 일어설 수 있어서 기쁘대요. 언니 이름은 마바니랍니다. 어서 독수리의 가장 큰 깃털을 뽑아 주세요."

바타는 독수리에게 달려가 깃털을 뽑은 후 시체를 멀리 끌고 가서 골짜기에 던져 버렸다.

바타가 돌아오자 불가에는 젊은이 두 명과 빨간 가운을 입은 처녀가 서 있었다. 바타는 어디서 온 청년들인지 바로 알아채지 못했다. 서로 얘기를 나누며 웃었다. 처녀도 완전히 딴사람이었다. 머리는 길게 땋았고 뺨은 발그스레한 분홍색을 띠고 있었다. 그녀의 여동생은 빙호의 물을 길어 왔고 솥을 가지고 불가로 서둘러 갔다.

"여기요, 바타, 제 오빠들이에요. 모두 너무 고맙습니다. 그리고 제 언니 먀바니고요. 지금 차를 마시려고 해요. 그리고 고기와 생선도 있어요. 배가 많이 고프시죠?" 그녀가 말했다.

바타는 차례대로 모두에게 손을 내밀었고 눈을 비비며 말했다. "설마, 제가 꿈을 꾸고 있는 것은 아니겠죠?"

강가를 따라 개들이 끄는 썰매가 달려오고 있었다. 이제 아주 가까웠다. 바로 부모님이 오고 계신 것이다.

두 사람이 얼마나 기뻐했는지 모른다. 바타는 어머니가 그렇게 유쾌하게 얘기하는 것을 한 번도 들어 본 적이 없었다.

울기도 하고 웃기도 했다. 그리고 끊임없이 아들을 바라보았고 아들이 마치 어디라도 떠날까 봐 두려워 그에게서 눈을 떼지 못했다. 자매는 모두에게 음식을 대접했다. 파란 가운을 입은 동생은 차례로 차를 따라 주었고 빨간 가운을 입은 언니는 음식을 내왔다. 어머니는 한 아가씨를, 또 다른 아가씨를 유심히 살펴보았다. 둘 다 좋았지만 빨간 가운을 입은 처녀가 정말 예뻤다. 티베울라도 그녀를 힐끔거리며 보며 이렇게 예쁜 여인을 평생 한 번도 본 적이 없다고 말했다.

차를 마시고 고기와 생선을 배불리 먹은 후 티베울라가 먼저 일어났다.

"자, 아들아, 우리는 집으로 가자. 네 어머니와 나는 너를 데리러 왔다."

바타가 아버지와 어머니를 보고 난 후 새 친구들을 훑어보고는 역시 일어났다.

"아니요, 아버지, 저는 아버지와 안 가겠어요. 그곳은 재미가 없어요. 차라리 사람들이 사는 마을로 가십시다. 저는 할아버지와 할머니도 보고 싶어요. 그분들을 만나러 왔다가 이렇게 지체된 것이잖아요."

아들이 말을 마치자마자 레티가가 일어났다.

"네 말이 옳다, 애야. 나도 너와 함께 갈게." 그녀가 아들의 어깨를 꽉 잡으며 말했다.

티베울라는 겸연쩍어 뒤통수를 긁어 봤지만 돌이킬 수 없다는 것을 알았다. 누구를 닮아 이렇게 고집스러운 아이가 태어났단 말인가. 아버지 역시 함께 갈 수밖에 없었다.

"그리고 당신들은 어디로 갈 겁니까?" 그는 길 떠날 차비를 하는 자매와 형제에게 물었다.

형제들이 일제히 대답했다.

"바타가 가는 곳이면 저희도 당연히 갑니다!" 자매들이 크게 웃으며 한목소리로 대답했다.

"이제 우리는 절대 안 떨어질 거예요."

이렇게 모두 사람들이 사는 강 상류로 떠났다. 누구는 썰매를 타고, 누구는 걸어서 갔다. 바타는 스키를 타고 제일 앞서 나갔다. 아주 빠르게 달렸다. 그러나 이따금 나머지 사람들이 그의 뒤를 잘 따라오는지 보려고 멈추기도 했다. 그는 마바니의 빨간 가운이 다른 사람들 사이에서 눈에 띌 때면 그의 입가에서 미소가 떠나지 않았다.

슌 샤시가니[8)]

옛날 옛적에 할머니와 할아버지가 살았다. 노부부에게는 예쁜 딸이 있었다. 딸이 자라자 부모는 아무도 그녀를 볼 수 없게 상자에 숨겨 두었다. 한 청년이 이 사실을 알게 되었다. 그는 노부부의 딸과 혼인을 하고 싶어 그들을 찾아왔다. 영감이 딸을 시집보낼 수는 있다고 말했다.

"단지 조건이 있지. 자네가 하늘에 가서 햇빛을 구해 온다면 말이네."

"누가 그런 것을 구해 왔다고 들어 본 적도 없지만 제가 한번 해 보죠." 청년은 말을 마치자마자 길을 떠났다.

한참을 걷다 여우 발자국을 발견한 그는 지나쳐 갔지만 계속 주위를 맴도는 여우의 발자국을 또다시 보게 되었다. 그는 그 자리에 앉아 여우를 기다렸다. 곧 꼬리가 두 개인 여우가 그가 있는 오솔길을 따라오는 것이었다. 여우가 말했다.

"나는 당신이 누구인지 알고 햇빛을 찾으러 하늘에 올라가고 싶어 하는 것도 잘 알고 있지요." 말을 마치자마자

---

8) 슌 샤시가니 : '햇빛'을 뜻한다.

여우는 멀리 달아났고 청년도 자기가 가던 길을 계속 갔다. 저녁 무렵 그는 또다시 여우 발자국을 발견했다. 그가 덤불숲에 몸을 숨겼다. 꼬리가 열한 개인 여우가 걸어왔다. 청년이 화살을 쏘아 꼬리 열 개를 망가뜨리자 꼬리가 한 개 남은 여우는 쏜살같이 도망쳤다. 이 일이 있은 후 여우는 꼬리를 한 개씩만 갖게 되었다고 한다. 청년이 꼬리 열 개를 가지고 영감의 집에 찾아갔다. 그가 꼬리 열한 개를 가진 여우를 발견했다고 말했다.

"따님을 저에게 주십시오."

영감은 이 일이 그리 어려운 것이 아니라며 거절했다.

"내가 필요한 것은 햇빛이지 여우 꼬리 열 개가 아니라고!"

청년은 다시 행운을 찾으러 길을 나섰다. 곧 둥지 문제로 싸우는 작은 새 두 마리가 보였다. 청년은 새들에게 서로 다투지 말라고 말한 후 둥지를 하나 더 만들어 주었다. 그러자 두 새는 그에게 도움을 주겠다고 약속했다. 계속 길을 가다가 개울이 말라 물이 없어 죽어 가는 물고기를 발견했다. 청년은 물고기를 잡아 물가에 놓아주었다. 그는 물고기에게 힘들 때 도와 달라고 부탁했고 물고기는 그러겠다고 약속했다. 한참을 걷다 청년은 햇빛을 구해 오라던 영감의 남동생을 만났다. 동생이 물었다.

"어디 가시나, 젊은이?" 청년이 대답했다.

"햇빛을 찾으러 가요."

영감의 동생이 도와주겠다고 했다. 그는 청년에게 조가 든 자루를 주며 말했다.

"모래사장에 도착하면 사방으로 조를 뿌리게." 청년이 그의 말대로 조를 뿌렸다. 그 후 그에게 방법을 일러 준 착한 동생의 집으로 돌아갔다. 그가 말했다.

"되돌아가서 조를 모아 다시 자루에 넣게. 만약 이렇게 할 수 있다면 내 조카는 자네의 부인이 될 것이네."

청년이 자루를 들고 바닷가에 가서 조를 찾으려 했지만 이내 귀찮아졌다. 그러다 잠이 들어 오랫동안 잠을 잤다. 새 두 마리가 그를 깨웠다. 새들은 둥지를 지어 준 고마움의 답례로 흩어진 조를 몽땅 주워 청년에게 건네주었다. 청년이 삼촌의 집에 돌아가 찾은 조를 모두 건넸다. 삼촌은 그가 보통 사람이 아니라는 것을 알아차리고 깜짝 놀랐다. 그는 청년에게 가운의 밑자락에 달린 납 장신구가 잔뜩 든 자루를 물에 던지라는 새로운 과제를 냈다. 청년이 그의 말대로 하자 삼촌은 빠뜨린 납 장구를 모두 모아 가져오라고 명령했다. 그러자 이번에는 물고기들이 물에 빠뜨린 납이 담긴 자루를 찾아 담은 자루를 그에게 건네주었다. 청년이 삼촌에게 돌아와 말했다.

"시키는 대로 다 했으니 이제는 조카를 저에게 주십시오." 삼촌이 형을 찾아가 신랑감에 대해 말했지만 형은 완강했다.

"내가 말한 대로 하늘에서 햇빛을 가져오라고 해라." 청년은 사람이 하늘을 올라갔다는 말을 들어 본 적이 없었기 때문에 답답했다. 그러다 타이가에 갔다. 도중에 그는 한 노파를 만났다. 그녀가 물었다.

"어디 가는 게요? 어떻게 여기를 오게 되었소? 여기는 이제껏 누구도 다녀간 적이 없는 곳인데."

그는 영감이 그에게 하늘에서 햇빛을 구해 오라고 보냈다고 대답했다. 노파가 대답했다.

"나도 한 번도 들어 본 적이 없는 얘기네. 그렇지만 자네를 도와주도록 애써 보지." 그러면서 그에게 작은 톱을 주었다.

"가다 누워서 꿈쩍도 안 하는 큰 곰을 만날 거야. 더 가다 보면 역시 미동도 없는 멧돼지를 발견할 것이고. 그다음에는 하늘까지 자란 큰 뿔을 가진 말코손바닥사슴이 있을 것이네. 그다음은 아는 바가 없어 충고해 줄 수가 없소. 내가 이 톱을 자네에게 줄게."

청년은 이 톱이 어디에, 왜 필요한지 도무지 이해할 수가 없었다. 다음 날 청년이 길을 떠나자 도중에 노파가 그에게 얘기했던 모든 동물을 보게 되었다. 곰은 나무의 뿌리처럼 땅에 박힌 큰 이빨을 갖고 있었다. 청년은 곰을 도와주기로 했다. 그는 톱을 가지고 곰의 이빨을 톱으로 베었다. 곰이 일어나 말했다.

"젊은이, 젊은이 정말 고마워. 자, 내가 얘기해 줄 테니 잘 들어. 말코손바닥사슴을 만나면 건드리지 말고 뿔을 따라 하늘에 기어 올라가, 그리고 내려오면 뿔을 자르고. 하늘 꼭대기에는 숲은 없지만 희귀한 풀로 덮인 언덕이 있어. 거기에 앉아 있다가 달이 오면 인사를 하렴. 달이 너를 도와주지 않으면 넌 태양을 볼 수 없을 것이고 또 햇빛을 구하지 못할 거야."

계속 길을 걷다 송곳니가 역시 땅에 박힌 멧돼지를 만났다. 청년이 멧돼지가 필요한 만큼 송곳니를 잘라 주자 멧돼지는 자유의 몸이 되었다. 우둔한 멧돼지는 아무 말도 하지 않고 떠났다. 계속 길을 가던 청년은 드디어 뿔이 하늘까지 닿는 말코손바닥사슴을 만났다. 그는 뿔을 따라 마치 계단을 올라가듯 기어올랐다. 하늘에 있는 타이가에 도착하자 타이가 한가운데에 풀로만 덮인 민둥한 언덕이 보였다. 그는 꼭대기에 앉아 요기를 하며 한참을 있었다. 바로 그때 한 노인이 다가와 그가 여기에 왜 왔는지 물었다. 청년은 그에게 일어났던 모든 일을 말해 주었다. 노인은 햇빛을 구하기란 매우 어렵다고 일러 주었다.

"내가 자네를 도와주지 않으면 자네는 구할 수가 없네. 내가 안에 뭐가 있는지 절대로 열어 봐서는 안 되는 꾸러미를 줄 것이야. 아무리 덥고, 춥거나 힘들어도 절대 열어 봐서는 안 되네. 집에 가서 도착하는 대로 이 꾸러미를 미래 장인에게 주게, 그리고 자네는 신붓감을 데리고 그의 집에서 속히 떠나게."

청년은 꾸러미를 챙겨 사슴의 뿔을 따라 땅으로 다시 내려왔다. 그리고 사슴의 뿔의 끝을 재어 톱으로 잘라 주었다. 사슴은 도망치며 말했다.

"네가 날 도와주지 않았더라면 나는 영영 도망치지 못했을 거야."

"너도 내가 하늘을 올라갈 수 있게 도와줬어."

청년이 사슴의 엉덩이에 꾸러미를 끌고 가게 하자 사슴의 둔부가 불그스름해졌다고 한다. 청년이 등에 꾸러미를 갖다 대자 뜨거움을 느꼈다. 마침내 청년이 영감에게 가서 말했다.

"자, 어르신. 하늘에 가서 당신께 햇빛을 가져왔습니다."

"그럼, 보자." 영감이 말했다. 그는 꾸러미를 건네고 처녀를 데리고 나왔다. 영감과 노파는 따뜻한 옷을 입고 있었고 자신들 앞에 꾸러미를 놓고 풀었다. 덮개가 아주 많았고 마지막 덮개를 풀자 그 안에서 커다랗고 환한 불이 나와 유르트와 두 노인을 태우고 말았다.

젊은이와 어여쁜 아내는 아주 행복하게 살았다. 그들은 물고기, 새와 사슴이 그들을 도와준 것을 잊지 않았다. 청년이 좋은 옷을 만들어 동물들에게 가지고 갔다. 도중에 그는 아름다운 옷이 없는 호랑이를 만났다. 호랑이에게 색깔이 들어 있는 새 셔츠를 주자 그때부터 호랑이는 아름다운 줄무늬 옷을 갖게 되었다. 호랑이는 답례로 청년에게 동물을 잡는 비법을 가르쳐 주었다.

청년은 하늘에서 햇빛을 구할 수 있도록 그를 도와준 동물들과 새들에게도 고마움의 표시로 작은 셔츠를 선물했다.

남매

옛날 옛적 한 마을에 남매가 살고 있었다. 누나와 아주 어린 소년이었다. 어린 동생은 사냥에 뛰어난 소질을 보였다. 어느 날 누나가 말했다.

"애야, 네가 항상 사냥을 다니는데도 고기가 부족해…."

동생이 말했다.

"고기가 없다니? 매번 짐승을 잡아 오는데. 왜 거짓말을 해, 누나?"

누이가 고개를 푹 숙였다. 잠시 후 누이는 또다시 동생을 닦달했다.

"마른고기만 있어. 그 고기는 질렸으니깐 신선한 것으로 잡아 와!"

다음 날 아침 동생이 일어나 사냥을 떠날 차비를 했다. 그러나 동생은 사냥을 가지 않고 장작더미 안에 몸을 숨겼다. 누이가 무엇을 하는지 지켜보고 싶었기 때문이다. 그는 고기가 없다는 누이의 말을 믿을 수가 없었다. 누이는 집 안을 치우기 시작했다. 물통을 들고 물을 길으러 다녀왔다. 그런 후 창고에 들어가 신선한 고기를 가져왔다. 누이는 불을 피워 고기를 구웠다. 옷을 잘 차려입은 후 밖으로 달려가 소리를 질렀다.

"어서 여기로 오세요! 제 동생이 사냥 가고 없어요. 저랑 놀러 가요!"

그러자 큰 거인이 모습을 드러냈다. 누이는 그에게 음식을 대접했다. 그에게 안기기도 했다. 동생이 사냥에서 돌아올 저녁이 되자 거인은 가고 없었다. 누이가 다시 소리를 질렀다.

"말린 생선만 남고 이제 아무것도 없단다! 내가 무슨 요리를 할 수 있겠니?"

다음 날 아침 동생이 사냥을 나섰다. 그는 사냥한 사슴을 죽인 후 집에 가져오지 않고 그곳에 남겨 두었다. 집에 돌아와 누이에게 말했다.

"사슴을 죽였는데 누나가 내일 아침에 일어나 썰매를 타고 사슴을 가져와."

누이가 동생이 시킨 대로 하기로 했다. 그리고 동생은 누이의 옷을 차려입은 후 머리를 늘어뜨리고 볼에 화장을 했다. 음식을 준비한 동생이 소리를 질렀다.

"어서 여기로 나오세요! 제 동생이 사냥 가고 없답니다. 저랑 놀러 가요!"

누군가 그에게 대답하는 소리가 들렸다.

"목소리가 왜 다르지?"

동생이 대답했다.

"몸이 안 좋네요. 어서 여기로 오세요."

그러면서 석궁을 집어 들었다. 거인이 문 앞에 모습을 드러내자마자 그의 가슴에 화살이 날아갔다. 그는 쓰러지지는 않았지만 상처를 입은 채 몸을 돌려 왔던 길로 걸어갔다. 곧 핏자국을 남기며 사라졌다.

동생은 자기가 준비한 식사를 몽땅 먹어 치웠다. 다시 자기 가운을 입고 머리를 묶은 후 잠자리에 누웠다. 곧 집에 도착한 누이는 집 근처에 흘린 피를 발견했다. 핏자국을 따라가자 그것이 거인의 발자국임을 알게 되었다.

그러고는 집에 돌아와 동생을 깨웠다. 그에게 말했다.

"왜 내 남편을 죽인 것이니?"

"나는 모르는데. 계속 잠만 잤어." 동생이 말했다.

"아니야, 네가 내 남편이자 네 매형을 죽였어. 이제부터 혼자 잘 살아라, 나는 떠날 테니."

누이는 거인의 자취를 따라 떠났다. 그러자 동생은 창고에서 필요한 모든 것을 꺼내며 생각했다. '이제 뭘 하며 살까?' 그렇게 한동안 혼자 살았다. 곧 혼자 지내기가 심심하고 불편했으며 싫증이 났다. 그래서 누이를 찾아 나서기로 했다. 얼마 후 그는 누이의 발자국을 발견했다. 한참을 가 거인의 발자국도 발견했고 나란히 누이의 것도 있었다. 잠시 후 누이의 발걸음도 커졌다. '어떻게 된 일이지? 왜 누이의 발자국이 곰 발자국처럼 크게 보이는 것일까?' 숲으로 들어서자 그는 새끼 곰 두 마리를 발견했다. 곰 가까이로 살금살금 다가가 잡았다.

"넌 누구니? 네 어머니 이름이 뭐니?" 동생이 물었다.

"캬마니."

"그러면 아버지의 이름은 어떻게 되지?"

"뱌투."

"그러니까 너희가 내 조카들이구나. 혹시 이거 아니? 내 벙어리장갑 한쪽을 가져가서 어머니에게 삼촌의 벙어리장갑을 발견했다고 말씀드려라."

곰 조카들은 삼촌이 시킨 대로 했다. 하지만 어머니는 믿지 않으며 말했다.

"아이고, 이놈들! 이것은 네 아버지 장갑이야! 왜 거짓말을 하니?"

새끼 곰들이 다시 숲으로 내려갔다.

"그래, 어떻게 됐니?" 삼촌이 물었다.

"엄마가 우리는 삼촌이 없대요."

"그러면 엄마는 뭘 하고 계시니?"

"옷을 꿰매고 있어요."

"엄마한테 가거라. 만약 다시 믿지 않거든 엄마의 실을 나에게 가져다주렴. 자, 너희에게 내 모자를 줄게. 엄마에게 물어보렴. 이 모자를 네 엄마가 만들었는지 아닌지 말이야."

다시 새끼 곰들이 달려갔다.

"삼촌 모자를 찾았어요." 새끼들이 어미에게 말했다.

"또 거짓말을 하는구나. 이것은 아버지 모자잖아."

그러자 새끼 곰들은 엄마의 실을 집어 들고 숲으로 달려갔다. 엄마가 새끼 곰의 뒤를 부지깽이를 들고 따라갔다. 한참을 뒤를 따라가 보니 남동생이 그루터기에 앉아 있는 것이 아닌가! 깜짝 놀란 누이가 말했다.

"난 네가 굶어 죽었다고 생각했어. 함께 우리 집에 가자." 누이가 말하며 동생의 손을 잡았다.

누이는 동생에게 먹을 것을 주었고 저녁이 되자 동생에게 말했다.

"이제 곧 우리 남편이 올 거야. 아마 남편은 네가 상처를 입혔기 때문에 너를 죽이려 할지도 몰라. 그러니 몸을 숨기는 것이 좋겠어."

동생은 문가에 몸을 숨기고 동물 가죽을 뒤집어썼다. 꼼짝도 하지 않고 서 있었다. 곧 거인 남편이 돌아왔다. 사람과는 전혀 닮지 않았지만 그는 사람처럼 말을 했다.

"당신 동생의 냄새가 나는데."

누이가 놀라며 말했다.

"모르겠는데요. 동생을 못 본 지 오래됐잖아요."

"왜 거짓말을 하는 거요? 어서 여기로 끌어내요!" 그가 말했다.

그러면서 본인이 직접 여기저기 샅샅이 뒤지며 찾아다녔다. 마침내 동생을 발견했지만 그는 죽이지 않았다.

"아이고! 바로 여기 있었군, 언제 온 것이냐? 잘됐군. 나를 두려워할 필요 없네. 우리랑 함께 살자고."

이렇게 모두가 함께 살게 되었다. 어느 날 집주인 곰이 말했다.

"오늘 내가 곰 굴을 발견했소. 여보! 내 가슴에 흰 삼베를 꿰매 줘, 사냥하러 가려고."

"저도 데려가요, 매형." 동생이 부탁했다.

"좋아. 하지만 꼭 기억해야 할 것이 있어. 내가 굴에 들어가면 곰과 싸움을 하겠지. 만약 아래에 흰 반점을 보면, 그것은 곰이 나를 죽이는 것이고 만약 반점이 위에 있으면 내가 곰을 죽이는 거라네."

둘이 함께 굴에 도착하자 집주인인 거인이 곰으로 변했다. 동생은 굴 위에 구멍을 내고 들여다보았다. 싸움이 시작되었다. 흰 반점이 아래에 있었다. 동생은 창을 들고 서 있었다.

'어떻게 매형을 구출하지?' 또다시 흰 반점이 아래에 있었다. 이때 동생은 창을 들어 던졌다. 하지만 바로 그 순간 매형이 위에 있는 것이 아닌가. 창은 그의 가슴에 그대로 꽂히고 말았다. '아이고, 내가 쓸데없이 매형을 죽였구나.' 다른 곰도 창을 던져 죽인 후 그는 집으로 돌아갔다. 울음을 꾹꾹 참으며 걸었다. 누이에게 용서를 구해야만 했다. 그가 누이에게 말했다.

"누나! 내가 실수로 매형을 죽였어, 그리고 다른 곰도 죽이고."

"어떻게 하니? 가죽을 벗기고 고기를 모두 손질한 후 먹고 싶으면 먹어, 나는 안 먹을 테야." 누이가 말했다.

동생은 누나가 시킨 대로 했다. 잠시 후 누이가 말했다.

"자 이제, 너는 여기 남아. 네 조카들과 함께 살아. 나는 떠날게. 새 신랑감을 찾으러 가야지."

그러고는 그녀는 떠났다. 동생은 새끼 곰 조카들과 남게 되었다. 또다시 누이를 찾기로 결심했다. 그는 누이의 흔적을 찾아 따라갔다. 누이의 발자국이 또다시 곰 발자국으로 변한 것이 보였다. 동생은 무서워져 다시 돌아왔다. 어느 날 그는 조카들에게 굴을 만들어 준 다음 말했다.

"만약 사냥꾼들이 여기 있는 너희를 발견해도 두려워하지 마라. 사냥꾼들에게 달려들고 곧 창을 부러뜨려라. 제일 안 좋은 것이 베우라는 도적들이야. 그놈들은 항상 일곱 명씩 다니지. 만약 일곱을 동시에 본다면, 그것은 바로 베우란다. 그때는 도망쳐야 한단다."

동생은 임시 처소에 남아 홀로 지냈다. 시간이 흘러 사건은 추운 겨울에 벌어지고 말았다. 한번은 동생이 사냥을 멀리 떠나게 되었다. 그때 도적들이 새끼 곰들을 습격하고 말았다. 도적들은 복제한 듯 일곱 명이 똑같았다. 새끼 곰 조카들은 이들이 베우라는 것을 알았다. 곰들이 창을 부러뜨렸다. 베우는 놀라 달아났지만 잠시 후 다시 돌아와 곰들을 죽이고 말았다.

시간이 또 흘렀다. 삼촌이 조카들을 보러 길을 나섰다. 곰 굴에 다가가도 새끼들이 보이지 않았다. 어찌 된 일인가? '베우들이 이곳에 왔다 간 모양이군.' 그는 베우의 발자국을 따라 찾기 시작했다. 그들이 임시 처소에 있는 것이 보였다. 곰 고기를 먹고 있었다.

"왜 내 조카들을 죽였소?" 그가 물었다.

도적들은 껄껄대며 웃었다.

"어떻게 그런 일이 있을 수가 있소? 사람이 동물의 삼촌이 될 수 있다는 것이오?"

"사람들은 다를 수 있소. 이 곰들은 내 누이와 거인 곰에게서 태어났소. 당신들이 큰 죄를 저지른 것이오. 이제 곰을 죽인 대가를 나에게 지불하시오. 대가는 다음과 같소. 나에게 여인 두 명과 솥 일곱 개, 가운 일곱 벌을 주시오."

베우는 어떻게 해야 할지 잠시 고민했다. 그러고는 그의 요구에 응하기로 하고 원하는 모든 것을 주었다.

동생은 자신의 임시 처소에 가서 부인 두 명과 함께 살았다. 몇 년이 흘렀다. 아들과 딸이 태어났다. 아들이 처음으로 사냥을 떠나려 하자 아버지가 당부했다.

"만약 네가 곰을 죽이면 네 누이에게 고기를 먹으라고 주지 말거라. 그리고 누이가 절대로 곰 가죽을 덮고 자게 하지 말고."

그때부터 옛 관습이 이어지고 있다. 부인을 두 명 가질 수 있지만 여인은 곰 가죽을 덮고 잘 수 없었던 것이다. 만약 곰을 죽인 남동생이 누이에게 곰 고기를 준다면 불행이 시작되고 죄를 짓는 것이라고 여겼다.

청년, 우두머리 백로,
우두머리 독수리와 다람쥐 샤먼

한 젊은이가 누이랑 살고 있었다. 그가 사냥으로 잡은 큰 사슴과 엘크의 비계를 손질하면 누이는 동생을 위해 옷과 신발을 만들어 주었다.

어느 날 저녁 청년이 사냥에서 돌아오자 집 안에서 연기가 나지 않고 불이 피워 있지도 않았으며 몹시 조용했다. 청년이 집을 둘러보아도 누이는 없었다. 너무 놀라 밖으로 뛰어나가 이리저리 찾아보았지만 아무런 소용이 없었다. 그러다 발자국을 발견했다. 아주 큰 독수리의 자국이었다. 그제야 누이가 잡혀갔다는 것을 알게 되었다. 그는 곧바로 누이를 구하러 떠났다.

한참을 가다 우두머리 늑대를 만났다. 그가 늑대에게 물었다.

"늑대야, 혹시 내 누이 못 봤니?"

"어떻게 못 봤겠니? 당연히 봤지. 네 누이를 데려간 것은 바로 우두머리 독수리와 우두머리 백로란다. 누이는 계속 울면서 네 이름을 부르며 살려 달라고 외쳤어." 우두머리 늑대가 말했다.

"옛날 너희 조상과 우리 인간 조상들은 적들을 대항해 함께 싸워 싸움에서 승리하곤 했다더라." 청년이 말했다.

그러자 우두머리 늑대가 말했다.

"좋아, 나도 너와 함께 갈게."

그러면서 불 주위를 신이 나서 뛰어다녔다.

"내일 출발하자!"

청년에게 친구가 생긴 것이다. 둘은 함께 길을 떠났다. 한참을 가다 이번에는 우두머리 개를 만났다. 청년이 개에게 물었다.

"우두머리 개야! 혹시 우리 누이를 못 봤니?"

"봤어. 네 누이를 우두머리 독수리와 우두머리 백로가 잡아갔어. 누이가 빨리 와서 도와 달라며 울더라." 우두머리 개가 말했다.

"예전에 너희 조상과 우리 조상은 적에 맞서 함께 싸웠고 싸움에서 이겼다고 하지." 청년이 말했다.

인간과 친구가 된 우두머리 늑대와 우두머리 개는 신이 나서 불 주위를 뛰어다녔다.

"내일 우두머리 독수리와 우두머리 백로를 죽이러 가서 우리가 꼭 이기고 돌아오자!"

다음 날 아침 청년, 우두머리 늑대와 우두머리 개가 함께 길을 떠났다. 한참을 걷다 밀림 늪지대로 내려갔다. 셋은 그곳에서 백산차를 꺾고 있는 세 아가씨를 발견했다. 우두머리 늑대와 개는 덤불 속으로 들어가 숨었다. 젊은이가 아가씨들에게 다가갔다. 셋 중 누이가 있는 것을 알게 된 청년은 덤불 뒤에 숨어 누이가 오기를 기다렸다. 그의 누이가 백산초를 꺾으러 덤불 쪽으로 다가왔다. 청년 쪽으로 오자 그가 누이를 마주 보고 섰다.

"동생아, 여기를 어떻게 찾아왔니?" 누이가 물었다.

"우두머리 늑대와 개가 나를 도와줘 이곳까지 오게 됐어. 함께 왔거든."

동생이 누이에게 물었다.

"그런데 왜 백산초를 따고 있는 거야?"

"이 두 아가씨는 우두머리 독수리와 우두머리 백로의 여동생들이야. 오늘 저녁 해가 지자마자 네가 나를 찾으러 오는지 점을 치려고 샤먼들이 주술을 한대."

"누이, 그러면 오늘 밤에 저 두 아가씨와 밖에서 잠을 자줘. 주술을 하는 동안에 여자들은 집에 머물러서는 안 된다고 말하고." 동생이 누이에게 부탁했다.

아가씨들은 백산초를 모두 꺾은 다음에 그곳을 떠났다.

저녁이 되자 영험한 다람쥐 샤먼과 물총새 샤먼이 주술을 시작했다.

"덩치가 작은 샤먼 양반! 방울을 집어 들고 어서 접신을 하시오. 그리고 신이 무슨 말을 하는지 나에게 말해 주고!" 우두머리 독수리가 물총새 샤먼에게 방울을 던져 주며 말했다.

물총새 샤먼은 공중에서 방울을 바로 잡았다. 그러고는 신을 영접하며 말했다.

"우두머리 독수리님, 젊은이가 보입니다, 아주 가까이에 있네요."

"저 물총새 샤먼에게서 방울을 빼앗아라! 거짓말을 하고 있다!" 우두머리 독수리가 소리쳤다.

우두머리 백로가 물총새 샤먼의 방울을 빼앗은 후 방울을 딸랑딸랑 흔들었다. 그러고는 다람쥐 샤먼에게 방울을 던져 주었다. 다람쥐 샤먼은 꼬리를 추켜올리고 샤먼 허리띠를 졸라맨 후 방울을 흔들기 시작했다. 다람쥐 샤먼이 불 주위를 돌아다니고 백산초 연기를 맡으면서 신에게 들은 답변을 전달했다.

"우두머리 독수리님, 우두머리 백로님, 젊은이가 덤불 너머 아주 가까이 있습니다. 그리고 화살 비슷한 뾰족한 부분도 보입니다."

우두머리 독수리가 크게 화를 냈다. 우두머리 백로도 큰 소리를 쳤다.

"꺅꺅꺅!"

"콩콩콩!" 날개를 부풀리더니 퍼덕거렸다.

그러자 독수리가 직접 방울을 집어 들었다. 날개를 펼치고 고개를 위로 치켜든 후 빨개진 눈을 크게 떴다. 부리로 방울을 찍자 쨍 쨍 쨍 소리가 났다. 방울을 들고 사방에 돌아다니며 주술을 했다. 그러더니 입을 열었다.

"보이네. 청년이 자기 처소에 앉아 있는데 누이를 찾으러 가려는 기색이 전혀 안 보여."

잠시 방울을 몇 번 더 흔들고 두드리더니 우두머리 백로에게 건넸다.

우두머리 백로가 샤먼 허리띠를 차고 방울을 손에 쥐더니 신을 찾기 시작했다.

"콩콩콩! 우두머리 독수리 말이 맞네요. 청년은 자기 집에 있습니다. 불가에서 몸을 쬐고 있네요."

백로는 긴 다리로 불 주위를 걸어 다녔고 긴 날개를 흔들자 불꽃이 솨르르 떨어졌다.

모두 주술을 마치고 잠자리에 들었다. 우두머리 독수리는 곰 가죽이 놓인 쪽에 있고 우두머리 백로는 멧돼지 가죽이 깔린 다른 쪽에 있었다. 다람쥐 샤먼은 바라크의 대들보 위로 올라갔다. 물총새 샤먼은 솥을 걸어 둔 갈고리에 앉았다. 곧 모두 깊은 잠에 빠져들었다.

청년과 친구들이 집 안으로 들어왔다. 셋은 우두머리

독수리와 백로를 창으로 찔렀다. 깜짝 놀란 다람쥐는 굴뚝을 통해 밖으로 도망갔다. 뛰어가면서 재로 뒤덮여 검은 줄무늬가 생기게 되었다. 나무 위로 올라가 꼬리를 부풀리며 더 멀리 깡총 뛰어갔다. 청년이 물총새의 머리를 가볍게 내리치자 물총새의 등이 파랗게 물들었다. 그때부터 다람쥐는 나무를 타기 시작했고 물총새의 등은 파랗게 되어 지워지지 않았다고 한다.

청년, 우두머리 늑대와 우두머리 개는 우두머리 독수리와 우두머리 백로의 여동생을 데리고 누이와 함께 집으로 돌아왔다. 두 아가씨와 결혼해 행복하게 살았다고 한다.

큰 재앙

노인들의 삶은 뒤안길에 있다. 노인들은 많은 것을 알고 있고 항상 좋은 조언을 준다. 반면 젊은이들은 좋은 말만 할 줄 안다. 힘이 세고, 눈도 밝으며, 팔은 강하니 자신들의 인생이 창창하다 생각하며 앞만 볼 뿐이다.

예전에 우데게인은 따뜻한 지역과 평야, 바닷가에 살았다고 한다. 사람의 수는 숲의 나무만큼이나 많았다. 그들은 누구와도 전쟁을 하지 않으며 편안하게 살았다. 사냥을 하고 낚시를 하며 부족의 규칙을 지켰고 아이들을 키우며 살았다. 이것은 아주 오래전의 일이다.

당시 한 마을에 나이 많은 샤먼 칸디가가 우두머리로 있었다. 아픈 사람이 생기면 칸디가가 뇌우가 그려진 자신의 종을 꺼내 불 위에 데운 후 주술을 했다. 불 주위를 춤을 추며 돌아다녔고 말을 쏟아 내며 노래를 부르고 마치 천둥이 치듯이 방울을 심하게 흔들어 댔다. 칸디가는 방울을 흔들며 자신이 악령을 꾸짖고 있다고 말했다. 방울 소리는 메아리로 돌아왔고 이틀 동안 그치질 않았다. 그러면 환자가 건강해지곤 했다. 만약 환자가 죽으면 샤먼은 자신이 할 수 있는 건 다 했다고 되레 큰소리를 쳤다. 빨간 부리를 가진 회색빛 새가 죽은 자의 영혼을 저승인 부니로 데려갔다고 말했다. 아무도 이 새를 본 적이 없으니 샤먼을 믿는 수밖에 없었다!

사람들은 샤먼을 두려워했기 때문에 그의 말을 무조건 따랐다. 샤먼이 달라는 것은 모두 내주었고 또 샤먼이 말하면 그대로 행했다. 샤먼은 하고픈 대로 다 했다! 만약 달라는 것을 주지 않으면 악령을 불러 마을에 풀어놓아 모두에게 불행한 일이 닥치게 했다. 모두 칸디가가 아주 대단한 샤먼이라고 했다. 악령들이 이 샤먼을 좋아해 그에게는 없는 것이 없었다. 다른 우데게인들이 굶주림에 지쳐 장화를 씹어 먹으며 힘들게 지내도 그는 모든 것이 항상 차고 넘쳤다.

또 이 마을에는 젊은 청년 딤디가가 살고 있었다. 그는 사냥 실력이 출중한 청년이었다. 하나의 화살로 오리 두 마리를 잡을 수 있었다. 청년은 아직 젊지만 다른 사람들보다 훨씬 뛰어났다. 그가 보기에도 칸디가는 도무지 이해할 수가 없는 사람이었다. 검은담비 두 마리를 잡으면 한 마리는 자신이 갖고 다른 한 마리는 칸디가에게 주는 게 납득하기가 어려웠다. 칸디가는 사냥도 안 하고 습지 근처에 가지도 않았으며 햇볕에 그을리지도 추위에 떠는 수고를 하지 않아도 딤디가가 사냥한 만큼 그도 그만 한

수확량을 가졌다. 대체 그 이유가 무엇일까?

남자들만 모이는 회의에서 칸디가가 수확량을 나누며 말했다.

"우리가 잘 나누어 모두가 만족스러워 보이는군요."

딤디가가 말했다. "어르신! 저는 아닙니다. 왜 이래야 하죠? 어르신은 유르트에 앉아 있어 발품을 팔지도 않습니다. 그런데 우리는 당신에게 반을 주지요. 왜 우리 같은 사냥꾼들은 당신보다 복을 적게 받습니까?"

"참으로 어리석은 청년이군! 나에게 복을 주는 분은 바로 신이라네! 왜냐고? 네가 그분들과 직접 말해 보렴. 자, 내가 지금 당장 신들을 모조리 여기로 부르지!" 칸디가가 말했다.

그러고는 뿔 달린 모자를 쓰고 작은 방울들이 달린 허리띠를 매더니 방울을 손에 쥐었다. 방울을 흔들자 온 사방에 방울 소리가 울려 퍼졌다.

노인들이 부탁했다.

"샤먼님, 저 젊은이의 말을 듣지 마시오! 저놈이 사냥터에 지혜는 놔두고 짐승만 잡아 왔나 보네요."

"알겠습니다. 여러분을 봐서 제가 참겠습니다."

그러고는 딤디가는 또다시 사냥을 갔다. 짐승을 잡아 한 마리는 자신이 갖고 다른 한 마리는 칸디가에게 갖다

바쳤다. 샤먼은 사람들에게 딤디가의 욕을 해 댔다. 청년이 뭐라고 하든 모두 샤먼의 편을 들었다.

바로 그해 먼 이웃 마을 사람들이 이곳으로 도망쳐 왔다. 해진 옷을 입고 굶주린 사람들이었다. 그들이 울며 말했다.

"무시무시한 사람들이 우리를 공격했어요! 덩치가 크고 숫자도 매우 많았지요! 마치 호랑이 같았어요! 그리고 야생 동물들을 타고 다녔답니다."

"어떤 동물인데요? 개들이었소?" 딤디가가 남자 회의에서 물었다.

"아니요, 개는 아니었어요."

"그럼, 사슴이오?"

"아니요, 사슴도 아니랍니다. 우리가 사슴을 어찌 모르겠소. 평생 사슴을 기르며 살았는데! 그 동물은 다리가 네 개고 털은 매끈매끈했어요. 얼굴은 사슴과 비슷하지만 꼬리는 사슴보다 더 길어 조금 다르답니다. 이 짐승은 소리를 얼마나 크게 지르는지 멀리서도 들리죠. 그 소리를 들은 사람들은 토끼 심장이 되지요. 그 사람들은 누구도 용서하지 않아요. 남자를 죽이고 여자들은 데리고 가며 어린아이들은 자기들 동물에게 던져 주었어요."

"못된 놈들이군! 도망가야겠네, 그들과 싸우기에 우리

는 힘이 약하니까요." 딤디가가 말했다.

"그렇지 않습니다. 여러분!" 칸디가가 말했다.

"우리가 직접 봤다니까요. 우리와 마찬가지로 팔이 두 개, 다리도 두 개, 머리도 하나랍니다. 우리말은 못하고요. 마을에는 재만 남았어요. 그 사람들이 지나간 곳에는 풀도 자라지 않습니다."

"그것은 사람이 아니라니까요. 바로 악령이라고요! 저 딤디가가 악령의 출현을 자초한 거랍니다…. 그런 사람들은 이 세상에 없어요! 제가 주술을 해야겠네요. 선물을 가져오시면 그 악령을 내쫓아 주겠소."

먼 이웃 마을 사람들은 더 멀리 도망갔다…. 가까운 이웃 마을에 사는 사람들도 도망쳤다.

"도망치세요! 못된 사람들이 우리를 공격한답니다! 우리에게는 그들을 대적할 힘이 없어요! 유르트를 불태우고 사람을 죽인답니다!" 사람들이 소리를 질렀다.

"어서 가야 해요. 악령들은 유르트를 불태우지 않잖아요." 평의회에서 딤디가가 말했다.

"사람이 아니고 악령이라고요! 나를 놀라게 할 그런 악령은 없어요. 제가 주술을 해서 모든 악령을 몰아내겠소! 나에게 선물만 갖다준다면요."

가운데 마을 사람들이 더 멀리 도망쳤다…. 가까운 마

을 사람들도 이미 도망가고 없었다.

"그 못된 사람들을 몽골 사람이라고 부른답니다! 온 세상을 돌아다녔고 그들로부터 살아남은 사람이 없답니다! 우리만 겨우 살아남았다는군요!"

"그놈들은 말에서 안 내립니까?" 딤디가가 평의회에서 물었다.

"먹을 때와 사람들을 죽일 때 내린답니다."

"몽골 사람들은 무엇을 먹습니까?"

"그들이 예비로 가지고 다니는 짐승 고기를 먹습니다."

"사람이 분명하네요. 무기를 준비해야겠어요. 그들이 다니는 길에서 벗어날 필요가 있어요. 몽골 사람들의 말은 무엇을 먹습니까?"

"풀을 뜯지요." 사람들이 대답했다.

"숲으로 가세요, 산으로 가세요. 그 사람들은 숲이나 산에는 익숙하지 않아 보입니다." 딤디가가 말했다.

"악령이 분명하다니까요! 딤디가가 화나게 만든 바로 그 악령이지요. 선물을 가져오세요. 제가 모조리 악령과 재앙을 물리칠게요. 우상을 만들어서 악령을 몰아냅시다."

칸디가는 밤낮으로 주술을 했다. 피곤해서 쓰러져도 다시 일어나 신을 불렀다. 그러고는 섬뜩한 우상을 만들어 그 주위를 뱅글뱅글 돌아다녔다.

세 부분으로 나뉜 우상은 언덕에 있었다. 우상의 배는 영원히 배가 고프도록 텅 비어 있게 만들었다. 그의 팔은 전투에서 피할 수 있게 뱀이 그려져 있었으며 다리에는 재빨리 도망칠 수 있는 도마뱀이 있었다. 그의 가슴에는 심장 대신 새가 있었다. 가슴에 있는 구리로 만든 원형은 반질반질 닦여 있었고 햇빛처럼 반짝거려 적의 눈을 멀게 할 정도였다. 이 구리 원형에는 모든 것이 비쳤다.

칸디가가 말했다.

"몽골 사람이 자기 말을 타고 가면서 이 구리 동그라미에서 자신의 모습을 보면 이곳에 자기들 말고는 아무도 없다고 생각할 거요. 그러고는 떠나겠지." 칸디가가 말했다.

"몽골 사람들을 창과 화살로 몰아내야 합니다." 딤디가가 말했다.

사람들은 칸디가에게 바짝 다가갔다. 더 이상 아무도 그들을 보호할 수 없었다.

칸디가는 악령을 무찌르기 위해 우상 두 개를 더 만들었다.

그러자 딤디가가 말했다.

"여보시오, 사람들! 큰 재앙이 닥쳤소. 칸디가 영감은 그 재앙을 물리칠 수 없습니다. 활, 화살과 창을 들고 숲으로 가세요, 산으로 가시라고요! 그 몽골 사람의 말은 풀이 필요하지요. 그래서 숲이나 산에 가다가 말을 먹일 것이 없다는 것을 알면 되돌아갈 겁니다!"

마을은 매우 소란스러웠다. 젊은이들이 외쳤다.

"딤디가가 옳습니다. 남자들은 싸워야 합니다!"

노인들이 고함을 질렀다.

"악령을 대적할 만큼 힘이 센 사람은 없소!"

몽골 사람이 벌써 가까이 왔다. 그들의 외침이 이미 들렸다. 그들이 피운 불꽃이 보였다. 몽골 사람들은 딤디가의 동족 유르트를 불태웠다.

칸디가는 주술을 했다. 그의 입에서는 거품이 튀어나왔다. 방울 소리가 쩌렁쩌렁했다. 허리에 묶여 있던 작은 종에서 소리가 울려 퍼졌다. 뿔이 달린 모자는 심하게 흔들거렸다. 노인들은 그의 모습을 보며 무서워 벌벌 떨었다.

딤디가가 동족들에게 말했다.

"나와 같이 갈 사람은 하천을 건너시오! 우리의 아이들이 불쌍한 사람들은 하천을 건넙시다! 무기를 드는 것이 부끄럽지 않은 사람들은 하천을 건너시오!"

샤먼의 말을 믿지 않은 사람들은 하천을 건넜다. 자신의 힘보다 귀신을 더 믿는 사람들은 샤먼과 남았다.

딤디가가 떠났다.

곧 몽골 사람들이 먹구름처럼 몰려왔다. 바닷가의 모래알처럼 셀 수도 없을 만큼 어마어마했다! 그들의 걸음걸이로 땅이 흔들렸다. 물난리가 일어난 것처럼 몽골 사람들이 밀려왔다. 그들은 소리를 지르며 말을 몰았다. 그들의 손에는 긴 창이, 어깨에는 화살이 든 화살통이 있고 안장 옆에는 전투용 도끼가 자리 잡고 있었다. 몽골 사람들은 귀신이 아니라 사람이라는 딤디가의 예상이 꼭 들어맞았다.

몽골 사람들이 마을을 발견하자 더 크게 소리를 질렀다. 그리고 해를 가릴 만큼 많은 화살이 하늘을 가득 채웠다.

딤디가와 그의 동지들은 숲에서 멀지 않은 곳에 있었다. 몽골 사람들이 딤디가를 발견하자 그 뒤를 쫓았다. 하마터면 따라잡힐 뻔했다. 하지만 딤디가는 이미 숲속으로 들어가 버렸다. 자신과 남자들은 나무 뒤에 몸을 숨겼고 아이들과 여자들은 더 멀리 보냈다.

그들은 몽골 사람들을 향해 팽팽한 시위에 화살을 걸었다. 화살이 노래를 부르며 날아갔다. 화살이 귀신들을 통과하니 사람이 귀신을 죽인 꼴이었다. 몽골 사람들이 말에서 쓰러지더니 땅으로 떨어졌다.

딤디가는 숲속 깊숙이 안으로 들어갔다. 그와 함께 마

을을 떠난 주민들도 나무에서 나무로 숲속 깊이 들어갔다.

몽골 사람들이 딤디가를 오랫동안 뒤쫓았다. 하지만 말에게 먹일 것을 숲에서는 찾을 수가 없었다. 몽골 사람들은 말들을 방목할 곳을 발견하지 못했다. 주위의 나무에는 희끗한 이끼만이 자라고 있었고 고사리만이 있을 뿐이었다. 결국 몽골 사람들은 되돌아가고 말았다.

딤디가가 몽골 사람들로부터 다른 동족들을 구하기 위해 사람들을 보냈다. 우데게 사람들이 숲과 산으로 널리 흩어져 있었다. 이때부터 우데게인들이 산과 숲에서 살기 시작했다. 이러한 이유로 우데게 사람들을 숲의 사람이라고 불렀다. 지금까지도 그렇게 부른다.

얼마의 시간이 흘렀는지 모른다. 딤디가가 자신의 마을로 돌아갔다. 외다리 우상이 칸디가를 얼마나 잘 도왔는지 보고 싶었기 때문이다.

딤디가가 가서 보니 마을의 우상은 망가진 채 누워 있었다. 빈 배에서는 풀이 자랐고 빈 가슴에는 도마뱀이 뛰어다녔다. 외다리 우상은 몽골 사람들이 불을 태워 검게 그을린 채 누워 있었다.

샤먼은 다리를 늘어뜨린 채 손에는 도끼를 쥐고 누워 있었다. 그와 나란히 도끼로 목숨을 잃은 몽골인도 누워 있었다. 샤먼이 딤디가를 기억했지만 이미 늦었다. 그 위에 검은 까마귀가 앉아 있었다. 족제비와 담비들이 마을을 이리저리 뛰어다녔다.

딤디가는 다시 숲으로 돌아가 동족들에게 말했다. "숲과 돌, 이것이 우리를 지켜 줄 수 있는 유일한 무기입니다."

우데게인들은 숲에서 살았다. 남자 회의에서 젊은이들은 노인들의 말을 따랐다. 하지만 노인들도 젊은이들의 바른말을 듣기 시작했다.

당달라푸

옛날 옛적 타이가에 두 자매가 살고 있었다. 둘은 낮에는 장작을 하러 다니고 저녁에는 유르트에서 식사를 준비했다. 어느 날 두 소녀가 장작을 하러 나간 사이 그들의 유르트에 키가 무척 큰 악령 당달라푸가 찾아왔다. 그는 머리 대신 망치를, 배 대신에 대장장이 모피를, 쇠지팡이로 만든 팔과 큰 뼈 하나로 된 다리를, 눈 대신에 반짝거리는 석탄 두 개를 갖고 있었다. 그는 소녀들이 가지고 있던 찻잔을 모두 모아 한꺼번에 쌓아 올리고 후 하고 불어 찻잔을 쓰러뜨렸다. 집에 돌아온 소녀들이 깨진 찻잔을 보고 놀라 서로 물었다.

"누가 우리 찻잔을 이렇게 만든 거야?"

다음 날 여동생은 장작을 하러 가고 언니가 유르트에 남아 누가 자신들의 유르트에 와서 접시를 깨는지 살펴보기로 했다. 언니가 당달라푸를 보자 너무 놀란 나머지 숨조차 쉴 수가 없었다. 악령이 찻잔을 모으더니 후 하고 불자 어제처럼 다 깨지고 말았다. 그는 솥에 있는 음식을 먹은 후 집에서 나갔다.

여동생이 타이가에서 돌아왔다. 언니가 당달라푸가 와

서 그가 어떻게 접시를 깼는지 동생에게 얘기해 주었다. 그러나 동생은 눈물을 흘릴 정도로 웃어 댔다. 동생은 당달라푸가 배로 공중에 있는 접시를 깰 것을 생각하니 너무 우스웠다.

다음 날 동생이 언니에게 말했다.

"오늘은 언니가 타이가에 가고 내가 집에 남아 당달라푸를 지켜볼게."

"그래, 네가 남아라. 대신 절대로 노래를 부르거나 나대지 마라. 안 그랬다가는 악령이 네 소리를 듣고 잡아먹을 테니." 언니가 말했다.

언니가 타이가에 가자 동생은 집에 남아 동물 모피 아래에 몸을 숨겼다.

당달라푸가 집에 도착했다. 그는 또다시 그릇을 모았다. 자신의 모피로 불자 그릇들이 반 동강 났다. 여동생은 웃음을 참지 못하고 깔깔대고 웃기 시작했다. 당달라푸가 이 소리를 듣고 말했다.

"누가 웃은 거야?"

당달라푸는 모피를 들추어 여동생을 발견하고는 삼켜 버렸다.

집에 돌아온 언니가 동생을 아무리 찾아보아도 어디에도 없었다. 불러도 대답이 없었다. 동생이 불쌍해 언니는 하염없이 눈물을 흘렸다. 한참 울고 난 언니는 당달라푸를 찾아보기로 했다. 그녀는 가장 좋은 옷을 차려입고 배낭을 메고 길을 떠났다. 타이가에서 한 유르트를 발견한 그녀는 집 안으로 들어가 불가에 앉아 있는 할머니를 만났다.

"여기에 당달라푸가 살지 않나요?" 언니가 물었다.

"여기 살지. 그런데 네가 당달라푸를 어떻게 아니?" 할머니가 대답하며 물었다.

"어떻게 모르겠어요? 제 동생을 먹어 치운 악령인데요."

할머니도 동생 이야기를 듣고 불쌍해서 눈물을 흘렸다.

"울지 마세요, 할머니. 우리가 당달라푸를 죽여 배를 갈라요. 어쩌면 제 동생이 아직 살아 있을 수도 있으니까요."

"좋아. 그러면 좋겠구나." 할머니가 대답했다. 할머니는 언니에게 먹을 것을 주고 구석에 있는 모피 아래에 감추었다.

당달라푸가 돌아와 킁킁대며 냄새를 맡은 후 소리쳤다.

"이보게, 할멈! 어디선가 사람 냄새가 나는데?"

"당신이 타이가에 가서 사람 냄새를 맡고 오셨겠지. 그러니 냄새가 난다고 생각하는 거요."

"거짓말하네. 조심해, 할멈, 아니면 내가 잡아먹을 거야."

당달라푸가 잠자리에 들었다. 모피에 눕자 불편했고 느릅나무 깔짚에 누워도 역시 불편했다. 그러자 할머니는 그에게 가죽을 구긴 쿠션을 주며 말했다.

"이 쿠션에 누우시오."

당달라푸가 머리를 쿠션에 대는 동안 할머니는 빨랫방망이를 들어 당달라푸의 머리를 내리치려 했다. 당달라푸가 누워 말했다.

"한쪽 귀는 잠을 자지만 다른 쪽 귀는 듣고 있소. 한쪽 눈은 자고 있어도 다른 눈으로 보고 있지."

그가 중얼대며 잠에 빠졌다. 소녀가 할머니와 함께 그에게 다가와 그의 머리를 방망이로 때리기 시작했다. 당달라푸는 머리가 펴진 채 몸을 꿈쩍이지 않았다. 두 사람이 칼을 들고 당달라푸의 배를 가르자 여동생이 튀어나왔다. 기쁜 나머지 자매는 서로 부둥켜안았다. 당달라푸가 갑자기 몸을 뒤척였다.

놀란 자매와 할머니가 뛰기 시작했다.

당달라푸가 일어나 배가 갈라져 있고 머리가 펴 있는 자기 모습을 보자 배가 몹시 고팠다. 성질을 내며 고함을 질렀다.

"내가 따라잡겠다, 너희를 몽땅 먹어 치우마!" 그러고는 달리기 시작했다.

할머니와 두 소녀가 강가에 다다랐을 때 반대편 기슭에는 대장간이 있었다. 그곳에는 대장장이 젊은이가 창을 두들기고 있었다.

"여보세요! 저희를 좀 도와주세요! 당달라푸가 우리를 쫓아와 잡아먹으려고 한답니다!" 그들이 소리쳤다.

젊은이가 기슭에서 뗏목을 밀어내 강을 건너갔다. 그들을 태워 다시 돌아왔다.

"제 유르트에 가세요. 솥에 있는 음식을 드시고요." 그렇게 말하고는 자신은 대장간에 남았다.

곧 당달라푸가 강가에 도착했다. 머리는 보리수 껍질로 묶었고 배는 홀쭉했으며 배로 숨을 쉬었다.

"여보게, 젊은이! 나에게 뗏목을 주게. 저쪽 강가로 가서 점심을 먹으려고."

할머니와 두 소녀가 몸을 숨겼다. 청년은 그에게 뗏목을 보내 주며 생각했다. '자, 잠깐만 기다려라, 내가 널 혼내 줄 테니. 사람을 잡아먹으면 어떻게 되는지 알게 될 것이야!'

당달라푸가 강 중간쯤 건너자 청년이 뗏목을 뒤집었다.

당달라푸가 물에 빠졌다. 그는 강을 따라 원을 그리며 떠내려갔고 소리를 질렀다.

"내 손과 다리가 나무로 변하고 강물을 막게 하라!"

말이 마치기가 무섭게 그의 손과 발에서 여러 나무들이 생겨났다. 푸른 나무는 아니지만 마르고 구부러진 나뭇잎이 달린 나무였다. 나무들은 강물이 멈추도록 강 중간에 서 있었고 강은 나무를 흙더미에 쓸어 갔다. 그러자 당달라푸의 이는 돌이 되었고 강 건너에 있어 물이 돌을 지나 흐르게 되었다. 이때부터 당달라푸의 뼈는 흙더미에, 이는 여울에 있게 되었다고 한다. 강은 지금도 예전의 그 모습으로 흐르고 있다.

해 설

우데게인 설화

이 책에는 민담을 포함한 우데게인 설화 열여섯 편이 소개되고 있다. 그중 대부분을 차지하고 있는 민담인 일상담은 열한 편으로 <불의 여인>, <예운쿠>, <사형제>, <셀레메게>, <볼롱도>, <바다뱀>, <메예히>, <두 영감님>, <팔람 파두>, <케드로바야강의 용사>, <당달라푸>가 있고, 동물 유래담은 <여인>, <슌 샤시가니>, <남매>, <청년, 우두머리 백로, 우두머리 독수리와 다람쥐 샤먼> 네 편이 있으며, 영웅담은 <큰 재앙> 한 편이 있다.

<불의 여인>은 마을에 불의 마녀가 나타났다는 소문을 들은 한 청년이 마녀를 찾아 무찌른다는 줄거리다. 위기의 순간 지네로 변하는 내용 등을 담고 있어 한국의 변신 설화적 요소를 포함하고 있다. <예운쿠>는 한 노인의 큰딸이 부정한 행동을 저지르자 숲의 악령 예운쿠가 인간으로 변신해서 노인의 집에 찾아가 딸을 신붓감으로 데리고 간다는 이야기다. <사 형제>는 우애 설화로 곰을

잡기 위해 어린 막냇동생을 큰 형수에게 맡겨 둔 삼 형제가 우두머리 곰의 굴인 예굴레로 들어가지만 그만 곰에게 잡힌다. 급기야 곰의 역습을 당해 도망치던 형수는 실수로 막내 시동생을 강물에 빠뜨리고, 강가에 살던 한 여인의 도움으로 살아남은 막냇동생이 장성해 형제와 형수를 구하는 이야기다. <셀레메게>는 겐테이가 임신한 부인의 말을 듣지 않고 철을 먹고 사는 초인 셀레메게를 보러 집을 나서면서 이야기가 시작된다. 그가 셀레메게와 내기에서 지면서 빨래 건조대에서 까마귀를 쫓는 신세가 되자, 겐테이의 아들 투구마가 아버지를 찾아 나서 결국 셀레메게를 무찔러 행복한 결말을 맺는 줄거리로 한국의 효행 설화와 유사하다. <볼롱도>는 얼음 구멍에서 발견한 털실을 입에 물어 임신한 볼롱도가 아들을 낳고 홀로 키우다 성장한 아들이 우여곡절 끝에 아버지를 찾게 되는 이야기다. <바다뱀>은 변신 설화로 신붓감 찾기에 대한 이야기다. 바다뱀을 잡아 아들로 키우던 영감이 죽이 든 솥을 가지고 아들의 신붓감을 찾아다닌다. 결혼을 하자 바다뱀은 마법의 저주를 풀고 사람이 된다. <메예히>는 효행 설화로 한 노인이 아야울라, 게울라라는 두 부인, 그들의 아들과 딸의 이야기다. 미움을 받은 게울라와 메예히는 쫓겨나지만 메예히가 불가능한 여러 시험을 통과해 아버지에게 자신의 용맹함과 강인함을 증명해 보인다. <두 영감님>에서는 가난한 영감이 해괴한 모습으로 빙호에 누워 있자 죽은 줄로 여긴 토끼 떼가 노인을 들고 노인 집에 데려다준다. 노인 집에 제 발로 들어온 토끼를 잡은 가난한 영감의 횡재를 들은 부자 영감은 그대로 따라 하다가 이를 알게 된 토끼들로부터 골탕을 먹는다는 이야기로 한국의 '혹부리 영감'과 동종 설화라고 하겠다. <팔람 파두>는 변신 설화로 일상이 무료한 팔람 파두가 강물을 몽땅 마신 후 배고픈 곰과 호랑이까지 삼켜 배 속에서 물고기를 잡아먹게 한다. 한 노인의 딸과 결혼하고 싶어 간청하지만 허락을 받지 못하자 곰과 호랑이, 물을 토해 내어 노인을 골려 준 후 딸과 결혼한다는 이야기다. <케드로바야강의 용사>의 줄거리는 사냥꾼 티베울라와 아내 레티가가 사람들이 정착한 케드로바야강을 떠나 둘만이 사는 곳으로 이주하면서 시작된다. 아들 바타가 케드로바야강으로 가던 중 만난 아가씨의 형제를 구하기 위해 독수리를 죽이는 이야기다. <당달라푸>는 한국의 '장화홍련전'과 유사한 민담으로 악령 당달라푸에게 잡아먹힌 여동생을 구하는 언니의 이야기다. 동물 유래담인 <여인>은 늑대가 울부짖게 된 유래에 관한 이야기다. 딸이 임신하자 불경하게 여긴 부모님이 그녀를 불에 태워 죽이려 한다. 어치의 날개와 꼬리를 떼어 자기 몸에 붙이자 날 수 있게 된 처녀는 부모님의 계획을 엿듣고 도망을 간다. 나중에 남편이 된 청년이 그녀를 쫓던 일곱 마리 늑대를 죽이는 이야기다. <슌 샤시가니>는 동물의 무늬가 생긴 유래에 관한 이야기로 한 청년이 어여쁜 딸을 가진 노부부를 찾아가 결혼을 허락해 달라고 청하면서 시작된다. 청년에게 딸을 내어 주기 싫은 아버지는 햇빛을 구해 오라는 조건을 내세운다. 청년은 어려움에 처한 여우, 멧돼지, 사슴, 곰, 호랑이를 구해 주고 그 동물들의 도움을 받아 햇빛을 구하고 결혼에 성공하게 되는데, 부인이 동물들의 몸에 다양한 형상을 그려 주어 동물들이 각기 다른 모습을 하게 되었다는 이야기다. <남매>는 우데게 여인이 곰 고기를 먹지 않게 된 유래에 관한 이야기다. 누이가 거인과 사귀는 것을 알게 된 남동생이 화살을 쏘아 거인에게 상처를 입히게 되는데, 그를 따라 도망간 누이는 새끼 곰 두 마리를 낳고 지낸다. 누이를 찾아 나섰다가 거인 가족과 함께 지내게 된 동생의 실수로 거인 매형이 죽게 되자 누이는 동생에게 아들 곰들을 맡기고 길을 떠난다는 이야기다. <청년, 우두머리 백로, 우두머리 독수리와 다람쥐 샤먼>은 다람쥐와 물총새의 생김새 유래에 대한 이야기다. 누이가 우두머리 독수리와 백로에게 잡혀가자 남동생은 우두머리 늑대와 개의 도움으로 누이를 찾아 나선다. 독수리와 백로는 자신들의 뒤를 쫓는 동생의 위치를 알아보기 위해 다람쥐 샤먼과 물총새 샤먼에게 주술을 부탁하면서도 그들의 점괘를 신뢰하지 않았고 오히려 다람쥐와 물총새를 죽이려 하자 이를 피해 도망치려던 다람쥐와 물총새의 몸에 무늬가 생겼다고 한다. <큰 재앙>은 자신의 땅을 침범한 몽골군을 대적해 용감하게 싸운 우데게 청년 딤디가의 영웅담이다. 딤디가는 몽골군을 피해 아이들과 여자들을 숲으로 대피시키고 청년들과 싸움에 나가자고 설득하지만 마을 사람들 일부는 어리석은 샤먼 칸디가의 꼬임에 넘어간다. 결국 딤디가의 말을 따른 사람들은 살아남았고 칸디가의 말을 따른 사람들은 죽음에 처하게 되었는데, 그 후부터 우데게 노인들은 청년들의 말에 귀를 기울이기 시작했다고 한다.

우데게인의 기원

우데게인은 기원후 2세기 무렵 바이칼 동부에서 아무르강 상류로, 그 후 만주와 연해주로 이주한 고대 퉁구스족인 '읍루'족의 후손이다. 우데에(удээ), 우데헤(удэхэ),

우디헤(удихэ)라고도 불리며 모두 어근 '숲(уд)'에서 파생되어 '숲의 사람들'을 의미한다. 19세기 말까지는 우데게인과 오로치인을 하나의 민족으로 여겼으나 1930년부터 독립 민족으로 분류되었고 '우데게인'이라는 공식 명칭을 얻었다. 주로 하바롭스크주와 연해주에 거주하며 인구는 2010년 기준 1500여 명에 달한다.

우데게인 조상은 발해 건국에 참여했고 멸망 후에도 주변 소수민족과 교류하면서 지금까지 삶의 터전을 지키고 있다.

우데게인의 전통과 의식주

19세기 후반 아무르강과 연해주가 러시아 영토가 된 후 우데게인의 거주지가 축소되었고 우데게인 공동체는 사실상 해체되었다고 할 수 있다. 그럼에도 형사취수제나 숙권제, 피의 복수, 불 숭배와 같은 원시적 관습은 유지된 채 남아 있다. 마을 공동체는 러시아 지방 행정 기관의 승인을 받은 원로 회의가 다스렸으며 원로 회의의 우두머리는 러시아 마을의 촌장과 동등한 권리를 가졌다.

우데게인은 사냥과 어로를 주요 생계 수단으로 삼고 있

다. 전통적 사냥 방법은 스키를 타고 동물을 쫓아가 창, 활과 석궁을 사용하는 것이고 사슴은 자작나무 껍질로 만든 나팔로 유인해 사냥했다. 모피 동물 사냥은 상인들이 극동으로 유입된 19세기 후반에 성행했으며 너구리, 족제비, 수달, 담비 등은 덫을 이용해 사냥했다.

어로 대상은 여름 송어와 가을 연어로 봄, 여름, 가을철에는 삼지창이나 주낙을 이용했고 겨울철에는 얼음 구멍을 뚫어 그물을 집어넣는 방법을 사용했다.

이 외에도 산삼 채집은 남자만 할 수 있었으며 크기가 작은 산삼은 흙과 나뭇잎으로 덮은 후 막대기를 꽂아 주인이 있음을 알렸다고 한다. 남자는 생업에 종사하면서 집, 배, 스키 등을 만드는 일을 했고 여자는 물고기와 같은 식량을 보관하고 동물 가죽이나 물고기 껍질로 옷, 신발을 만들며 가사를 분담했다.

우데게인의 전통 의상은 아무르강 유역의 다른 소수민족과 다를 바가 없다. 동물 가죽과 물고기 껍질로 의복과 신발을 만들어 입었는데, 두루마기 형태의 상의 '테게(тэгэ)'와 토시가 달린 긴 바지 '아무히(амухи)'를 입었고 머리와 어깨를 보호하기 위해 망토를 둘렀으며 귀마개, 모자, 모피로 된 토시와 장갑을 착용했다. 또 '운티(унты)'는 장화와 비슷한 우데게인의 신발로 아무르 하류의 원통형과 밑창이 달린 동시베리아형이 있다.

우데게인은 보통 물고기와 고기, 수프, 죽, 차의 순서로 식사를 한다. 주식은 물고기를 반건조시킨 유콜라며 얼린 사슴 고기 또는 연어로 만든 '탈라(тала)', 순록 고기를 얇게 썰어 소금에 절여 말려 훈제한 '카수(касу)', 쌀 또는 팥을 섞어 끓인 죽에 생선알과 함께 먹는 '자흐타(захта)'도 우데게인들이 즐겨 먹는 음식이다.

우데게인은 강을 따라 작은 마을을 이루며 살았고 계절별로 이동 생활을 했다. 집은 나무껍질로 만들고 집 안의 화덕은 항상 불을 피워 두었다. 마당에는 말린 물고기와 같은 식량을 보관하는 통나무집을 지어 창고로 사용했다.

주거는 추위를 피해 낮은 언덕에 위치한 곳에 온돌과 비슷한 '칸(кан)'이라는 난방 시스템을 갖춘 겨울용 가옥, 사각형 또는 원뿔형으로 짓는 여름철 가옥과 임시 처소로 구분해 볼 수 있다.

우데게인은 계절에 따라 이동 수단을 달리했다. 여름에는 통나무 가운데를 판 끝이 뾰족한 배와 삽 모양의 배를 타고 다녔고, 겨울에는 무두질한 순록 가죽을 붙여 미끄러짐을 방지한 스키를 이용했다. 짐을 운반하기 위해서는 개썰매를 타기도 했다.

우데게인의 종교와 전통 신앙

우데게인에게 곰과 호랑이는 조상의 영혼이며 사람으로 변신이 가능한 동물로 신성하게 여겼다. 일부 부족은 곰을 숭배하고, 다른 부족은 호랑이를 숭배해 곰 사냥과 호랑이 사냥은 엄격하게 제한되었으며 이 동물들에게 성공과 질병의 치유를 빌기도 했다.

또한 우데게인은 불을 숭배했으므로 집안의 불을 다른 사람에게 넘겨주는 것을 금했고 이동할 때에도 자작나무 통에 보관해 항상 꺼뜨리지 않으려고 조심했다.

산신령은 우데게인이 숭배하는 또 다른 대상이었다. 호랑이, 곰, 담비는 사람의 형상을 가질 수 있는 동물이기에 산신령의 노여움을 사지 않으려 적당한 사냥을 하고 언행에 항상 신중해야만 했다. 성공적인 사냥을 위해 사냥에 앞서 산신령에게 음식, 담배나 성냥 등을 제물로 바치며 의식을 행했다.

샤머니즘은 우데게인의 생활에 큰 비중을 차지하고 있는데 샤먼은 질병 치료, 악귀 퇴치와 같은 역할을 수행하며 북, 방울이 달린 손잡이, 피리 등의 도구를 사용한다.

우리나라에 처음으로 소개되는 우데게인의 설화 열여

섯 편이 우리에게 생경한 시베리아 소수민족인 우데게인의 세계관과 전통 문화가 알려지는 계기가 되기를 기대해 본다.

옮긴이에 대해

홍정현은 한국외국어대학교 노어과를 졸업하고 모스크바대학교에서 석사 학위(품사적 범주로서 대명사 특성 연구)와 박사 학위(현대 러시아어 부정대명사의 텍스트론적 기능)를 받았다. 경희대학교 비교문화연구소에서 러시아 여성문학과 미드컬트를 연구했고 청주대 한국문화연구소에서 북아시아 원형스토리 발굴과 번역 프로젝트 팀에서 연구원으로 활동했으며 현재 한국외대, 을지대 등에서 러시아어를 강의하고 있다. 역서로는 ≪러시아 여성의 눈≫(공역), ≪러시아 추리작가 10인 단편선≫(공역)과 ≪북아시아 설화집 6(투바족, 하카스족)≫, ≪케트인 이야기≫ 등이 있다.

우데게인 이야기

작자 미상
옮긴이 홍정현
펴낸이 박영률

초판 1쇄 펴낸날 2018년 11월 23일

지식을만드는지식
02880 서울시 성북구 성북로 5-11 (성북동1가 35-38)
전화 (02) 7474 001, 팩스 (02) 736 5047
출판등록 2007년 8월 17일 제313-2007-000166호
전자우편 zmanz@commbooks.com
홈페이지 www.commbooks.com

ZMANZ
5-11, Seongbuk-ro, Seongbuk-gu, Seoul, 02880, KOREA
phone 82 2 7474 001, fax 82 2 736 5047
e-mail zmanz@commbooks.com
homepage www.commbooks.com

ISBN 979-11-288-3126-3
979-11-288-3127-0(큰글씨책)
979-11-288-3128-7(PDF 전자책)

책값은 뒤표지에 있습니다.

지식을만드는지식은
지구촌 시대의 고전과 한국 문학을 출판합니다

도서목록 확인하고 5권 무료로 읽으세요

QR코드를 스마트폰으로 스캔하면 지만지 책 1800여 종과 바로 만날 수 있습니다. 홈사이트 컴북스닷컴(commbooks.com/ 지만지-도서목록/)으로 접속해도 됩니다. 회원가입을 하면 홈사이트에서 책 5권(번)의 전문을 디지털북으로 읽을 수 있는 컴북스캐시를 충전해 드립니다. 캐시를 받으려면 카카오톡에서 아이디 '컴북스'를 친구로 등록한 뒤 회원가입 아이디를 카톡으로 알려주십시오.

지만지고전선집

전 세계에서 100년 이상 읽혀 온 고전 가운데 앞으로 100년 동안 읽혀 갈 고전 중의 고전

인문

교육학 ≪루소 교육 소저작≫ 외
역사/풍속 ≪속일본기≫ 외
인류학 ≪여정의 두루마리≫ 외
종교 ≪동경대전≫ 외
동양철학 ≪귀곡자≫ 외
미학 ≪미학 강의(베를린 1820/21년)≫ 외
서양철학 ≪어느 물질론자의 마음 이야기≫ 외
지리학 ≪식물지리학 시론 및 열대지역의 자연도≫ 외

사회

경제학 ≪정치경제학의 민족적 체계≫ 외
군사학 ≪군사학 논고 천줄읽기≫ 외
사회학 ≪증여론 천줄읽기≫ 외
언어학 ≪일반언어학 강의≫ 외
미디어학 ≪제국과 커뮤니케이션 천줄읽기≫ 외
정치학 ≪관료제≫ 외

자연과학

물리학 ≪상대성 이론≫ 외
수학 ≪확률에 대한 철학적 시론≫ 외
생물학 ≪진화와 의학≫ 외
천문학 ≪코페르니쿠스 혁명≫ 외
의학 ≪치과 의사≫ 외
과학사 ≪그리스 과학 사상사≫ 외

문학

한국 ≪포의교집≫ 외

일본 ≪바다에서 사는 사람들≫ 외

고대 그리스 ≪히폴리투스≫ 외

독일 ≪길쌈쟁이들≫ 외

스페인 ≪위대한 술탄 왕비≫ 외

유럽 ≪로칸디에라≫ 외

중남미 ≪네루다 시선≫ 외

중국 ≪서상기≫ 외

아시아 ≪물고기 뼈≫ 외

영국/미국 ≪빨래≫ 외

프랑스 ≪홍당무≫ 외

러시아 ≪유리 나기빈 단편집≫ 외

아프리카 ≪아딜리와 형들≫ 외

퀘벡 ≪매달린 집≫ 외

예술

미술 ≪예술에 관한 판타지≫ 외

연극 ≪풍자화전≫ 외

한국문학선집

한국문학의 어제와 오늘을 총정리하는 사상 초유의 기획

초판본 한국소설문학선집

한국 근현대문학 120년, 대표 작가 120명의 작품집 101권

초판본 한국시문학선집

한국 근현대문학 120년, 작고 시인 101명의 작품집 99권

한국문학평론선집

한국 대표 문학평론가 50인의 평론집 50권

한국수필문학선집

한국 대표 수필가 50인의 수필집 50권

한국희곡선집

문학성과 공연성이 입증된 한국 대표 희곡 100권

한국 대표 시인의 육필시집

한국 시단을 주도하는 시인들이 직접 쓴 시집 80권

한국동화문학선집

한국 아동문학사에 기록될 동화작가 120명의 작품집 100권

한국동시문학선집

한국 동시의 역사이자 좌표, 동시작가 111명의 작품집 100권

단행본

≪고려 후기 한문학과 지식인≫ 외